Belles histoires du soir…
à croquer

Illustrées par François Ruyer

Écrites par
Marie-José Bardinat, Françoise Bobe,
Jacqueline Bovy, Irène Dekelper,
Emma Derégnaucourt, Anne-Christine Dussart,
Marie-Christine Fransolet, Janine Gollier, Héloïse,
Patricia Kawa, Marion Laclaverie,
Françoise Le Gloahec, Martine Legrand,
Nathalie Longueville, Crépin Nkot, Pierre Saffre,
Véronique Tardivel, Marc Van Laere,
Daniel Verzwymelen

Éditions Hemma

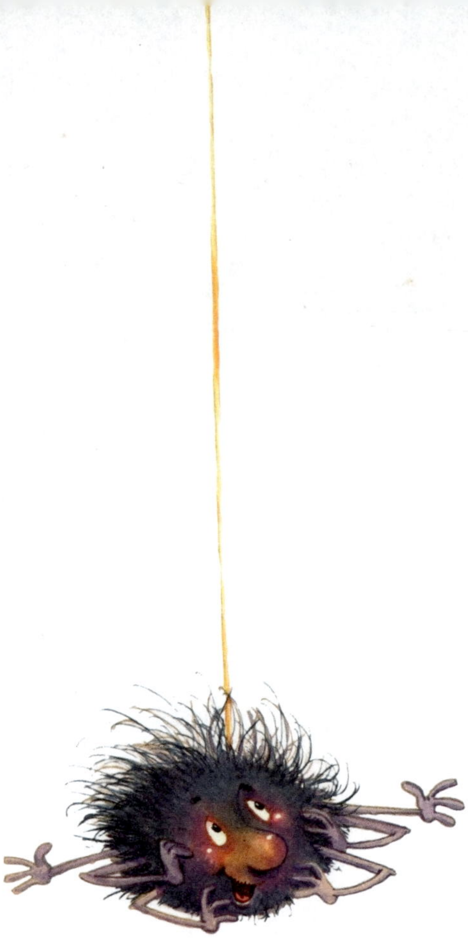

To the new arrival,
Love the Epetahuis

F3450/2
Collection : Les recueils

rue de Chevron, 106 - 4987 Chevron - Belgique.
hemma@hemma.be
www.hemma.be
Livre imprimé en Italie.
Dépôt légal : 1008/0058/210
Édition 09/2009

La chèvre qui voulait boire une limonade au bord de l'eau

de Jacqueline Bovy

Près de L'Isle-sur-la-Sorgue, il y a une petite ferme où on élève des chèvres. Avec leur lait, la fermière fait des fromages ronds qu'elle vend au marché.

Une des chèvres, la plus blanche, la plus drôle, s'appelle Folette. Elle a toujours des idées bizarres, des idées que n'ont pas les autres chèvres.

Aujourd'hui, c'est dimanche, toute la famille est allée à Fontaine-de-Vaucluse, boire un verre dans un café qui a une belle terrasse au bord de la Sorgue. Folette les a regardés partir.

Longtemps, elle a suivi la voiture des yeux. Chaque dimanche, elle vient les regarder quand ils se préparent, chaque dimanche, elle espère qu'ils vont l'emmener. Mais ils n'y pensent pas. Peut-être que personne ne pense à emmener une chèvre en promenade. Pourtant, Folette en rêve. Elle rêve de boire une limonade au café ! L'eau qu'elle boit n'a aucun goût, l'herbe qu'elle mange lui paraît fade. Elle reste là, debout au bord du pré, à rêver qu'elle est ailleurs.

Le soir, quand les fermiers reviennent, elle les regarde avec envie. Ils ont l'air de s'être si bien amusés !
Les jours suivants, elle ne mange pas, elle boit à peine. Son lait ne coule plus et le fermier s'inquiète quand il vient la traire.
– Eh bien, Folette, qu'est-ce qu'il se passe ? Tu n'as pas faim ?
– Oh si, mais je n'ai plus de goût pour mon herbe et pour mon eau. Je voudrais autre chose.

– Et quoi donc ? demande le fermier, étonné. Toutes les chèvres que je connais mangent de l'herbe et boivent de l'eau. Qu'as-tu encore inventé ?
– Je voudrais une limonade, dit timidement Folette.
– Une limonade ! Le fermier n'en revient pas. Qui t'a parlé de limonade ?

– Ce sont les enfants qui parlaient entre eux de la limonade qu'ils buvaient le dimanche à Fontaine-de-Vaucluse.
Le fermier se met à rire et dit :
– Je ne pense pas que tu aimerais ça, mais, si tu veux, je t'en ferai goûter.
Et il s'en va, en riant toujours, et en pensant qu'il a vraiment une chèvre peu ordinaire.
Il revient plus tard, avec un grand bol de limonade qu'il pose devant Folette. Et la chèvre se met à laper, en se léchant les babines, comme un petit chat qui boit du lait.
– Tu aimes ? demande le fermier.
– Oh oui, c'est bon. Bien meilleur que l'eau.
– Alors, tu es contente maintenant. Tu as ce que tu voulais ? Tu vas te remettre à manger ? Folette hésite un peu avant de répondre. Le fermier ne va peut-être pas accepter facilement ce qu'elle voudrait lui demander.

– Eh bien, tu sais, quand les enfants parlaient de la limonade qu'ils buvaient à Fontaine, ils parlaient aussi du café où vous alliez, de la terrasse au bord de la Sorgue. C'est tout ça qui doit être merveilleux !...
– Tu voudrais aller boire une limonade au café ?
Le fermier est ahuri.
– Folette, tu deviens folle ! Personne n'emmène une chèvre au café. Ce n'est pas possible.
Il lui tapote la tête et s'en va, en lui souhaitant une bonne nuit.

Le soir, après le repas, il dit à sa femme :
– Tu ne connais pas la dernière idée de Folette ? Elle voudrait venir avec nous un dimanche à Fontaine, boire une limonade !
La fermière rit et dit :
– Elle est vraiment incroyable, cette chèvre. Que lui as-tu répondu ?
– Que c'était impossible, bien sûr.
– Pourquoi ? demande sa femme. Elle est si drôle ! On pourrait l'emmener.
Le fermier la regarde avec des yeux ronds. Il se dit que sa femme est aussi spéciale que sa chèvre.
– On ne nous laissera jamais entrer au café avec une chèvre, dit-il.
– Pourquoi ? On accepte bien les chiens dans les cafés et Folette est plus obéissante qu'un chien. Essayons, s'il te plaît, sinon elle sera si triste.

Le fermier finit par céder tant elle insiste, mais il n'est pas très content et pas très rassuré sur l'accueil qu'on leur fera au café en voyant la chèvre.

Le dimanche suivant, Folette, encore plus blanche tant elle s'est lavée, attend près de la voiture.

– Pas dans la voiture ! Il ne faut pas exagérer, dit le fermier. On prend la camionnette.

À Fontaine-de-Vaucluse, le fermier veut s'arrêter au premier café qu'ils rencontrent et où il n'y a pas un seul client.

La chèvre n'est pas d'accord. Elle veut aller au bord de la Sorgue, au café dont parlaient les enfants. Le fermier courbe la tête et se remet en marche. Folette avance fièrement à son côté.

Les gens regardent en souriant, montrent la chèvre du doigt. Le fermier est gêné, la fermière sourit, les enfants s'amusent beaucoup, et Folette est parfaitement à l'aise. Quand ils arrivent au café où ils vont les autres dimanches, le fermier dit :

– Il faut d'abord demander si on peut entrer avec une chèvre.

– J'y vais, dit sa femme.

Elle s'approche d'un serveur.

– Bonjour, monsieur, pouvons-nous entrer avec une chèvre ?

Le serveur la regarde avec des yeux effarés.

– Avec une quoi ?

– Une chèvre. Ne vous en faites pas. Elle est très gentille, très calme.

– Eh bien... oui... Pourquoi pas ? Mettez-vous là, dans le coin.

Toute la famille s'installe. Folette est juste au bord de la terrasse. Elle regarde couler la Sorgue.

On lui apporte une limonade dans un verre. Ce n'est pas aussi facile à boire que dans un bol. Alors, elle boit à la paille, comme les enfants.

On n'avait jamais vu ça. Les gens s'arrêtent, prennent des photos. Il y a de plus en plus de clients dans le café. Tous ceux qui passent viennent voir la chèvre. Les enfants veulent la caresser.

Quand ils s'en vont, le serveur leur dit :

– Je ne vous fais pas payer, vous avez attiré tous les clients. Revenez quand vous voulez... et emmenez votre chèvre.

La première pluie

de Irène Dekelper

Les nuages sont de grands voyageurs. Poussés par le vent, ils voguent dans le ciel comme des voiliers.

Les gens les apprécient diversement, selon leur forme et leur couleur. Ainsi, les petits nuages sont appelés des moutons quand ils se groupent en troupeau blanc dans le ciel.

La vie d'un petit nuage, pensez-vous, doit être bien agréable. Je le pensais aussi. Mais ce n'est pas tout à fait exact. L'histoire que je vais vous raconter vous prouvera qu'un petit nuage peut aussi avoir des soucis.

Donc, il était une fois un petit nuage. Poussé par un vent bien agréable, il vivait sans problème dans un ciel d'azur. Cela se passait il y a très longtemps, et la pluie n'avait pas encore été créée. À peine un peu de verdure apparaissait-elle sur la terre, et il n'y avait encore ni hommes ni bêtes. Les premières fleurs naissaient timidement le long des filets d'eau, mais, sans pluie, elles ne pouvaient croître.

C'était aux premiers jours du monde.

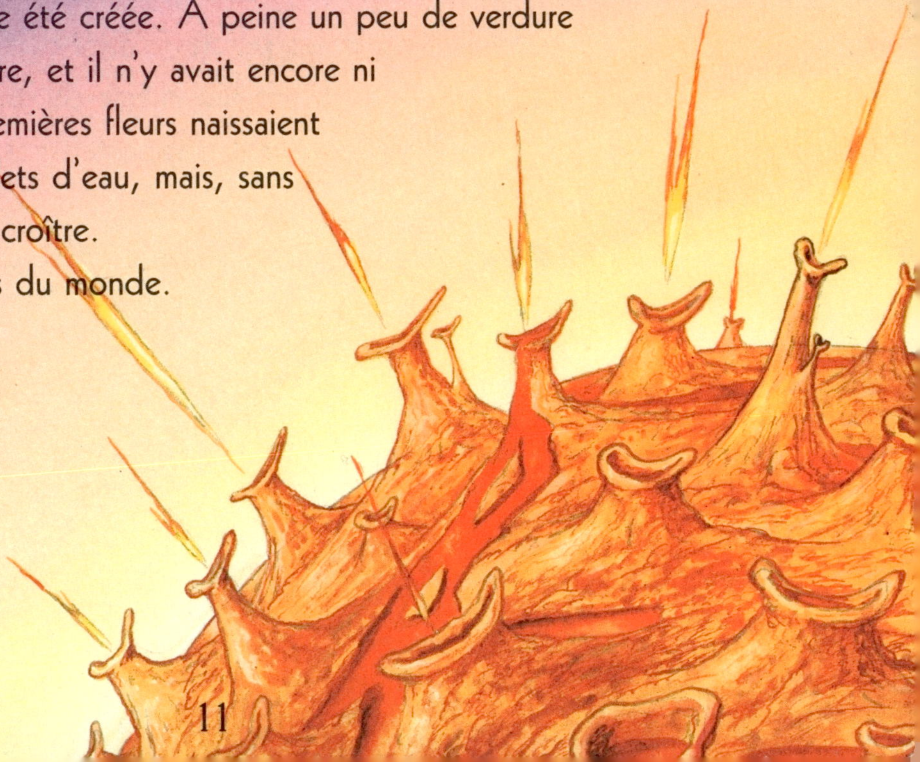

Or donc, notre petit nuage insouciant observait la terre en spectateur éloigné. Personne ne lui avait jamais dit qu'il devait arroser les plantes, et il était bien étonné en voyant les regards suppliants que les fleurs lui lançaient.

Il fit ainsi le tour de la planète.

Les continents étaient déserts ; tout ce qui, aujourd'hui, nous permet de caractériser les pays était alors inconnu.

Le fleuve Amazone n'était encore qu'un ruisseau. Les montagnes n'avaient pas encore souffert de l'érosion ; les forêts attendaient la pluie pour lancer leurs branches à l'assaut du ciel. L'herbe était rare dans les grandes plaines aujourd'hui si fertiles.

Néanmoins, le spectacle plaisait à notre petit nuage, qui ne connaissait pas la beauté des vallées verdoyantes, et il glissait glorieusement dans le ciel, croyant qu'il n'avait qu'à se laisser vivre sans rien faire.

Mais un événement inattendu allait bouleverser sa douce existence. Cela se passa en Europe.

Le petit nuage se trouvait quelque part, au-dessus de la Normandie, lorsqu'il aperçut, non loin d'un ruisseau qui allait devenir bien plus tard un grand fleuve appelé la Seine, une petite fleur qui luttait contre la mort. Le soleil cruel desséchait ses veines délicates, et ses pétales blancs déjà se flétrissaient. À peine créée, la petite fleur allait mourir. L'humidité même du ruisseau ne parvenait plus jusqu'à elle, car le sol était sec et le vent n'apportait pas de fraîcheur. Le petit nuage fut fort ému en voyant la fleur.

– Il faut que je descende sur terre pour la consoler, se dit-il.

Las ! il était prisonnier.
Comment voulez-vous qu'un petit nuage
descende sur la terre, avec son corps
d'ouate fait pour le ciel ?

Le petit nuage lutta, essaya de se libérer decette force qui le retenait dans le ciel. Mais rien n'y fit : il n'y avait même pas un souffle de vent et malgré ses efforts, il demeurait immobile là-haut, tandis que, sur terre, la petite fleur, doucement, mourait comme une chandelle qui s'éteint. Alors le petit nuage laissa éclater sa peine ; il se mit à pleurer désespérément. Ses larmes, d'abord fines, puis grosses comme des perles, tombèrent sur la petite fleur qui, émerveillée, buvait avidement cette eau miraculeuse. Le petit nuage, qui ne savait pas encore qu'il avait inventé la pluie, arrosa ainsi toute la région.
La terre de Normandie se couvrit de prés verdoyants. Partout, des fleurs apparurent en grand nombre, et des arbres poussèrent. Mais les autres nuages, voyant le chagrin de leur compagnon, se mirent à pleurer aussi, là où ils se trouvaient. La pluie se répandit ainsi en d'autres endroits. Les plantes se développèrent aux quatre coins du monde ; les forêts s'étendirent ; les montagnes se couvrirent de verdure.

Le nuage fut bien surpris en voyant que la petite fleur se dressait fièrement, toute blanche sur sa tige verte. Il en fut si surpris qu'il cessa de pleurer. Les autres nuages séchèrent aussi leurs larmes en voyant le changement prodigieux qui s'était produit. La Terre était devenue hospitalière. Les premiers animaux apparurent, puis les premiers hommes. Poussés par un vent favorable, les nuages reprirent leur grand voyage. Depuis lors, chaque fois qu'ils aperçoivent une plante qui a besoin d'eau, ils éprouvent de la peine et se mettent à pleurer.
Et c'est ce qui fait la pluie.

Le courrier de Louise

de Martine Legrand

Sur la place du village de Jolicœur, il y a un marchand de couleurs qui vit seul avec Louise, sa fille chérie de douze ans. À leurs clients, ils vendent de tout : des plumes et des pinceaux, des bonbons et des ciseaux, des bouchons et des rideaux, et leur boutique est comme un arc-en-ciel au beau milieu du pâté de maisons. Hélas, ces derniers temps, les affaires ne marchent absolument pas : personne n'achète plus rien, pas le moindre boulon ni le dernier des boutons… Un jour, désespéré, le marchand de couleurs décide de partir pour tenter fortune de l'autre côté de la terre. Pendant son voyage, la petite Louise habitera chez sa tante, une vieille dame, toute grise, que les enfants du village appellent la mère Sévère. Le jour du départ arrive. La fillette est triste, aussi triste que son papa, elle a les yeux pleins de larmes et une grosse boule au fond de la gorge. Alors son père la prend contre lui et lui fait cette promesse solennelle :

– Ne pleure pas, mon enfant, je ne t'oublierai jamais, je t'écrirai une lettre de chaque pays, tu ne resteras pas un seul jour sans nouvelles de moi.

Puis il part sans se retourner.

Des jours, des mois se passent. La vie est dure pour la pauvre Louise à qui la mère Sévère aboie ses ordres : « Brique-moi ces meubles ! Lave les carreaux ! Cire les parquets ! », sans jamais un mot gentil ou un peu d'affection.

Heureusement, chaque jour que Dieu fait, Louise reçoit une lettre de son papa, comme un rayon de soleil qui vient éclairer son chagrin. C'est le facteur de Jolicœur qui lui porte ce courrier précieux : il s'appelle Félix, il a des yeux bruns très doux, et rien ne le rend plus heureux que de voir le sourire de Louise.

Mais voici qu'un triste lundi d'automne, Félix n'a pas de lettre pour son amie, ni le lendemain, ni aucun jour de la semaine…

– Il a bien fini par t'oublier, ton père, dit méchamment la mère Sévère quand arrive le premier samedi sans courrier du marchand de couleurs.

Et Louise se met à fondre en larmes.

Oh non ! non ! Le petit facteur ne peut pas supporter de la voir pleurer : le cœur tout remué, il décide aussitôt d'envoyer des lettres à la place du papa de Louise.

Il prend son plus beau stylo, imite du mieux qu'il peut l'écriture qu'il connaît bien, travaille ainsi toute la nuit, et toutes les nuits qui suivent, pour adresser à celle qu'il aime du courrier venu du monde entier : Australie, Patagonie, Chili, Indonésie, Laponie, Japon, Ouganda ou Botswana… et quand il croit avoir fait le tour, il invente d'autres coins du monde, le Kapabawana et le Michiga, le Tombouctoumalou et le Chapabonou ! Plusieurs années passent ainsi. Louise a maintenant seize ans, c'est une très jolie jeune fille dont les seuls moments de bonheur sont, chaque jour, l'arrivée du facteur. Un matin, avant le lever du soleil, elle entend frapper à la porte.

– Va ouvrir, lui crie la mère Sévère.

Louise obéit : un monsieur très élégant, richement habillé, se tient sur le seuil et lui tend les bras…

– Papa ! papa ! J'ai reçu toutes tes lettres, toutes, et même la dernière, hier, qui arrivait de l'autre bout du monde…

Son père la regarde d'un air surpris.

– Ma jolie, ne te moque pas de moi ! Je ne t'ai pas écrit depuis bien longtemps, mais ce n'est pas de ma faute, tu peux me croire ! J'ai fait naufrage, et puis il m'est arrivé des tas d'aventures, je te raconterai… Que je suis heureux de te retrouver et que nous vivions à nouveau ensemble ! Écoute-moi, avec l'argent que j'ai gagné, je vais acheter le château de Jolicœur et le transformer en immense et magnifique boutique…

Louise passe des heures et des heures à écouter son père, blottie contre lui. Et pourtant elle n'est pas complètement heureuse, elle pense aux lettres qu'elle a reçues pendant tout ce temps, et soudain elle comprend.
– Attends-moi, papa, je reviens !

Elle court jusqu'à la maison près de la poste et regarde par la fenêtre : Félix est là, assis à sa table, la tête penchée, il s'est endormi en lui écrivant, il serre encore son stylo entre ses doigts… et le cœur de Louise se met à battre très, très fort pour lui !
Une semaine plus tard, dans son château de toutes les couleurs, le papa célèbre en grande cérémonie le mariage de sa fille et du facteur. Au village de Jolicœur, on dit que ces deux amoureux-là ne se quitteront jamais, que tant qu'ils vivront, Félix écrira à Louise et Louise à Félix de très belles lettres d'amour.

L'araignée aux fils d'or

de Janine Gollier

À première vue, cette petite araignée ne différait guère de ses semblables occupées comme elle à tisser leur toile entre les ronces ou les fougères de la forêt. Elle serait passée inaperçue dans le petit monde des insectes si elle n'avait eu la faculté extraordinaire de tisser des fils... en or ! Pourquoi ? Dieu seul le savait. Toujours est-il que ses toiles brillaient d'un éclat merveilleux dans les rayons du soleil et que la petite araignée en tirait grande vanité. Jamais elle ne manquait de vanter la qualité exceptionnelle de ses fils par ailleurs aussi fins et aussi légers que les autres. Un vieux scarabée vivant dans le sous-bois et que les jeunes insectes traitaient volontiers de Papa-Grincheux lui commandait souvent plus de modestie ainsi que d'humilité, mais il perdait son temps comme le font si souvent ceux qui désirent faire profiter les autres de leur expérience.

– Ah ! ah ! ah ! disait en riant l'araignée, si vous tissiez des toiles en or, cher Papa-Grincheux, vous en seriez aussi fier que moi !

Tant et si bien que le bruit se répandit de plus en plus loin à travers la forêt que notre petite araignée peu modeste tissait des toiles en or : et tous de venir admirer son prodigieux travail et lui prodiguer mille compliments.

Cette nouvelle courut bientôt le pays entier et parvint même jusqu'aux oreilles de la princesse. Celle-ci, aussi curieuse que coquette, voulut posséder pour son usage personnel une fileuse de pareil talent. Elle envoya donc des serviteurs dans la forêt avec mission de ramener cet insecte prodige au palais. Quelles ne furent pas la surprise ainsi que la fierté de l'araignée lorsqu'elle se vit ainsi priée avec tous les égards dus à une personnalité d'importance d'avoir à se rendre auprès de la princesse !

Tous les insectes de la forêt s'étaient rassemblés pour assister au départ de leur compagne, et ils la regardaient avec envie entrer dans la boîte capitonnée de soie qui devait lui tenir lieu de carrosse.

Tous les insectes, dis-je... excepté le vieux scarabée qui bougonnait : tant d'honneurs ne sont point nécessaires à une vie heureuse.

La petite araignée comparut donc devant la princesse qui demanda aussitôt à voir un échantillon de son travail. Notre habile fileuse se mit alors à tisser ses plus beaux fils et la princesse émerveillée la fit installer dans une jolie cage de cristal en donnant ordre à ses domestiques de lui fournir autant de pucerons dodus qu'elle aurait envie d'en manger.

Très flattée et fort satisfaite de son sort, la petite araignée, donnant libre cours à son imagination comme à sa fantaisie, se mit alors à confectionner de ravissantes dentelles, des arabesques capricieuses dont la princesse se parait en de somptueux atours. Lorsque celle-ci avait des invités, elle ne manquait jamais de se faire apporter la cage de cristal, et la petite araignée se rengorgeait d'être ainsi le point de mire de ces nobles assemblées : ah ! si le scarabée avait pu la voir séduire tous les plus hauts dignitaires du pays !

Pourtant, un jour où elle travaillait devant la fenêtre ouverte sur le jardin, l'envie la prit de s'en aller courir un peu dans le sous-bois. Elle en demanda l'autorisation à la princesse qui refusa net :

– Que non, ma belle amie ! lui répondit-elle, tu m'es bien trop précieuse.

Et si tu n'allais jamais revenir ?

– Mais je reviendrai, protesta l'araignée.

– Je ne demande qu'à te croire, mais tu pourrais te faire dévorer par un oiseau ou écraser sous le pied d'un promeneur ? Non je ne veux pas courir le moindre risque de te perdre.

Et c'est ainsi que la petite araignée perdit à jamais l'espoir de revoir sa forêt natale. Du coup, son palais de cristal lui devint une odieuse prison. Elle avait beau savourer ses succulents repas, elle se mit à envier de plus en plus souvent les insectes qui bourdonnaient, rampaient et voletaient au-dehors. Lorsqu'elle vit quelques jours plus tard une araignée se balancer au bout de son fil, elle en eut le cœur déchiré. Et elle repensa au vieux scarabée ainsi qu'à ses sages conseils : que ne l'avait-elle écouté et que n'avait-elle vécu simplement dans son massif de ronces au lieu de crier sur tous les toits ce dont elle était capable (et sans en avoir toutefois le moindre mérite) !

« Si je réussis à m'échapper, jamais plus je ne serai vaniteuse », se promit-elle.

Un jour, le laquais, chargé d'apporter la cage de cristal à la princesse, trébucha et la laissa tomber : cric ! crac ! elle se brisa en mille morceaux sur le parquet.

D'abord étourdie par le choc, la petite araignée se ressaisit bientôt en s'apercevant qu'elle était libre. Quel bonheur !

De toute la vitesse de ses huit pattes, elle traversa la pièce, passa sous la porte et s'enfonça dans la mousse du jardin puis fila, fila à toute vitesse vers la forêt. En vain, la princesse dépitée et les domestiques fort confus la cherchèrent-ils dans le parc et le château... Bien cachée sous une feuille de mûrier, la petite araignée qui avait retrouvé la joie de vivre contait ses aventures aux insectes de la forêt. Et satisfait de ne point s'être trompé, le vieux scarabée hochait la tête, comblé de cet heureux dénouement.

Lorsqu'elle fut devenue vieille à son tour, l'araignée raconta son histoire à ses petits-enfants en leur conseillant de ne jamais chercher à se faire trop admirer : mais les petits-enfants tiennent-ils toujours compte des sages conseils de leur grand-mère ? C'est à vous qu'il appartient de répondre, mes petits amis...

Le saule

de Irène Dekelper

Vous connaissez tous le saule pleureur. C'est un arbre dont les feuilles ressemblent à des larmes : il donne pour cette raison une telle image de mélancolie qu'on l'appelle « pleureur » et que les poètes un peu tristes l'aiment particulièrement.

Or donc, un jeune poète se promenait dans la ville, en récitant partout ses poèmes. Mais les gens ne l'écoutaient pas et il ne recevait pas les jolies pièces de monnaie qui devaient, pensait-il, récompenser son talent. Notre poète était triste, tellement triste qu'il faisait pleurer tout le monde. Il était toujours vêtu de noir ; ses longs cheveux sombres encadraient un visage livide. Sa seule apparition semblait glacer l'atmosphère. Il faisait même peur aux enfants, qui n'aimaient pas le rencontrer, le soir au bord de l'eau où il trouvait son inspiration. C'était là qu'il composait ses poèmes, assis sous un saule, dont le feuillage mélancolique lui racontait de tristes histoires.

Un soir, assis à sa place habituelle près du saule, il se sentit encore plus triste. Si triste, qu'il en oubliait d'écrire des poèmes. Et le saule eut pitié de lui.
« Au fond, se dit l'arbre, il vient chercher son inspiration près de moi ; je me sens un peu responsable de ce qui lui arrive. Je voudrais l'aider. Mais comment ?
Un moineau vint alors se poser sur une de ses branches.

– Je sais comment tu peux aider ton ami le poète ! dit l'oiseau.

– Comment donc ? demanda le saule.

– Eh bien, puisque c'est toi qui lui donnes l'inspiration, envoie-lui donc des idées amusantes au lieu de faire naître en lui des pensées moroses.

– Ne sais-tu pas que je suis un saule pleureur ? Je n'y puis rien changer.

– Si, tu peux ! dit le moineau. Il suffit de vouloir. La nature t'a donné une allure mélancolique, mais ta volonté peut changer cela. Oublie donc que tu es un saule pleureur. Ce soir, pour une fois, tu seras un saule rieur.

– Je veux bien essayer ! dit le saule.

Et le moineau se mit à raconter au saule des dizaines d'histoires entendues au fil de ses voyages en ville. Car le moineau connaissait beaucoup de choses, et ses histoires étaient toutes si amusantes que le saule ne put s'empêcher de rire. Ses feuilles taillées en forme de larmes frémirent d'abord, indécises… Dame ! Elles n'avaient pas l'habitude de rire ! Mais elles furent vite conquises par l'humour du moineau et partagèrent sa bonne humeur. Le vent, qui jouait dans le feuillage du saule, fit naître une musique joyeuse qui vint caresser l'oreille du poète. Il n'y comprenait rien, le poète. Le saule, qui était un arbre triste, lui envoyait cette fois une musique vive et gaie.

Bien vite, il s'empara de son crayon et se mit à tracer sur le papier les vers de joyeux poèmes. Et tandis qu'il écrivait avec enthousiasme, un sourire encore timide naquit sur ses lèvres. Le désespoir l'avait quitté. Pendant de longues heures, le poète écrivit, assis sous le saule, et lorsque la nuit vint, elle trouva le moineau endormi dans le feuillage, tandis que le poète reposait doucement, la tête appuyée contre le tronc de l'arbre.

Le lendemain, un soleil joyeux réveilla la nature. Le moineau s'envola vers la ville, où il allait chercher chaque jour à manger. Le saule était silencieux, tout étonné de ne plus être un pleureur. Et le poète, réveillé par un rayon de soleil, se mit en route pour déclamer ses nouveaux poèmes.
En l'entendant, les gens n'en croyaient pas leurs oreilles. Car cette fois, le poète souriant, joyeux, racontait des histoires gaies. Tout le monde s'arrêta pour l'écouter. Sur la place du marché, les fruits et les légumes se pressaient dans les charrettes des marchands pour mieux le voir et les fleurs s'ouvraient à la joyeuse musique des mots.
Le poète apportait la joie sur la place du marché. Les gens souriaient, se demandant d'où pouvait lui venir cette inspiration joyeuse. Mais ils ne le surent jamais.

Tous les soirs désormais, le poète alla chercher son inspiration près du saule, là où un moineau racontait des histoires drôles que seuls le poète et l'arbre pouvaient entendre.

Le muguet
de Irène Dekelper

En ce temps-là, il y a très longtemps, vivait un berger. Ce berger s'appelait Martin et il habitait une petite maison autour de laquelle gambadaient les chèvres qu'il gardait pour son maître.

Martin aimait bien ses chèvres, qui étaient très jolies, surtout Sarah, une petite chèvre espiègle et très coquette.
Les fleurs faisaient la révérence devant elle et ne cessaient de l'admirer.

Sauf le muguet, qui la trouvait vraiment trop orgueilleuse. Ce manque de considération de la part du muguet vexait très fort Sarah, qui passait devant cette fleur si différente des autres en lui lançant des regards méprisants. Il faut vous dire qu'en ce temps-là, le muguet n'avait pas encore les jolies clochettes qu'il montre au printemps : c'était une plante sauvage dont les fleurs étaient dépourvues d'éclat, rondes et sans ornement.

Plus capricieuse de jour en jour, la jolie Sarah se moquait aussi de Martin, son berger. Elle s'éloignait souvent du troupeau et se cachait derrière un buisson où Martin la retrouvait difficilement. Comme Sarah aimait alors entendre la voix soucieuse du berger qui l'appelait, très inquiet parce qu'il craignait de perdre la chèvre la plus jolie de son troupeau ! Sarah était très fière de le voir la chercher partout...

Peu à peu, Sarah provoqua ainsi la mauvaise humeur de ses compagnes. Car elle se moquait bien des autres chèvres, qui n'étaient pas aussi jolies qu'elle. Son orgueil devenait vraiment insupportable. Martin lui-même se fâchait lorsque Sarah se montrait trop désobéissante.

Et l'herbe murmurait : « Comme Sarah est capricieuse ! » Les fleurs elles-mêmes ne faisaient plus la révérence devant une chèvre aussi désobéissante. Elles finirent par partager l'opinion du muguet. Mais, indifférente à la mauvaise humeur qu'elle provoquait autour d'elle, Sarah restait capricieuse.

Un jour, le maître du domaine passa et il demanda à Martin si ses chèvres se portaient bien.
– Oui, dit Martin, mais Sarah me cause bien des soucis.
– Mets-lui donc un collier autour du cou ! suggéra le maître. Un collier muni d'une clochette : de cette manière, tu sauras toujours où elle se trouve en entendant le bruit de la clochette.
Lorsque Sarah entendit ces paroles, elle fut prise de panique : on allait lui mettre un collier autour du cou, avec une clochette !
Déjà, tout le monde se moquait d'elle. Tout le monde ? Eh bien, non ! Car le muguet ne riait pas. Il avait bon cœur, au fond, le petit muguet, et il voyait des larmes dans les yeux de Sarah.
La petite chèvre s'en alla tristement à l'écart de ses compagnes. Et elle se mit à verser de grosses larmes. Adieu, fierté ! Adieu, caprices ! Elle allait porter un collier ! Quelle honte pour une petite chèvre indépendante !

Lorsque le maître fut parti, Martin prit un collier muni d'une clochette et il voulut le passer autour du cou de Sarah. Mais la petite chèvre fit des bonds si terribles qu'elle abîma le collier et que Martin dut le jeter.
– Tu ne perds rien pour attendre, dit-il. Je laisse la clochette sur l'étagère de la grange et j'apporterai un autre collier demain.

Et Martin regagna sa maison. Sous l'étagère sur laquelle il avait déposé la clochette, la nuit venue, Sarah pleurait toujours. Elle regrettait bien, à présent, de n'avoir pas été plus obéissante. Quand le soleil reparut dans le ciel, la petite chèvre se traîna tristement sur l'herbe.

Pris de pitié, le muguet l'appela :

– Secoue l'étagère, dit-il, et fais tomber la clochette sur le sol, puis apporte-la-moi.

Sarah ne comprenait pas ce que le muguet avait l'intention de faire, mais elle obéit et lui apporta la clochette.

– Maintenant, dit le muguet, devant toutes les autres chèvres, promets d'être plus gentille et plus sage !

– Oui, oui, je le promets ! dit Sarah.

– Alors, dit le muguet, rejoins le troupeau comme si rien ne s'était passé.

– Que vas-tu faire de la clochette ? demanda Sarah.

– J'en fais mon affaire ! répliqua le muguet.

Sarah était si heureuse de pouvoir gambader avec insouciance qu'elle n'insista guère. Mais elle n'oubliait pas sa promesse et se montrait gentille et amicale.
Le muguet, de son côté, rassembla ses pétales autour de la clochette qui se trouvait par terre, à côté de lui, la recouvrant presque complètement. Et il demeura immobile dans cette position, pour cacher la clochette. Peu à peu, les pétales réunis prirent la forme de la clochette. C'est de là que vient l'aspect de ces fleurs charmantes.

Martin, le berger, ne retrouva jamais la clochette. Mais il ne s'en soucia guère, car Sarah était devenue si docile et répondait si bien au moindre de ses appels qu'il n'en avait plus besoin pour la retrouver. Pourtant, Martin se demanda toujours pourquoi Sarah caressait du bout de la langue un étrange muguet qu'elle semblait adorer. Il ne comprenait pas davantage comment il se faisait que tous les muguets qui poussaient par là depuis lors ressemblaient à des clochettes. Mais il trouva les fleurs jolies et prit l'habitude d'en offrir à son maître tous les ans, au mois de mai.
Les grandes personnes ignorent tout cela, quand elles offrent du muguet. Mais les enfants pensent toujours à Sarah, au mois de mai.

Le petit moucheron au grand cœur

de Janine Gollier

Il était une fois un tout petit moucheron plus léger qu'une barbe de plume ou qu'un pétale de violette. Il vivait très heureux avec ses parents, pour lesquels il éprouvait une grande affection. Chaque matin, il se laissait porter par le vent et rendait visite aux fleurs des bois ; chaque soir, il se joignait aux centaines de moucherons qui, à la nuit tombante, dansaient et chantaient sous le couvert des arbres et à la surface de l'étang. Ses parents étaient fiers de lui et sa maman se plaisait à répéter que son fils ferait un jour de grandes choses. Les insectes du voisinage riaient sous cape en se demandant comment un si petit moucheron pourrait bien devenir célèbre.

C'était par une belle matinée de printemps. Notre moucheron, d'humeur joyeuse, se laissait glisser le long d'un rayon de soleil, lorsqu'il sentit soudain un grand choc. Étourdi, il s'aperçut avec effroi qu'il avait volé tête baissée dans une toile d'araignée.

Son papa et sa maman l'avaient pourtant mis en garde contre ces pièges sournois tendus parmi les fougères... Suspendu au grillage d'argent à côté d'une goutte de rosée, l'infortuné moucheron songeait moins à son propre malheur qu'au chagrin de ses parents lorsqu'ils ne le verraient plus jamais revenir...
Dodue, velue, ventrue, l'araignée arrivait. En l'apercevant, le moucheron affolé se mit à pleurer :
– S'il vous plaît, madame l'Araignée, ayez pitié de ma maman et de mon papa ! Ils mourront sûrement de chagrin s'ils apprennent mon malheur !
N'avez-vous pas de petites araignées à chérir et à choyer ? Alors, pensez à mes parents et rendez-moi ma liberté !
– J'ai de petites araignées et je voudrais leur voir ton bon cœur, moucheron, répondit l'araignée. Tu es un brave petit, j'aurai pitié de toi.
Ce disant, l'araignée délivra son prisonnier, qui s'envola en lui criant merci.

Quelques jours plus tard, l'araignée se balançait avec nonchalance au bout de son fil, lorsqu'elle se sentit enlevée brusquement dans les airs. Une hirondelle l'avait saisie dans son bec.

– Je vous en prie, madame l'Hirondelle, se mit-elle aussitôt à geindre, soyez généreuse envers une araignée trop maigre pour constituer un bon repas.

– C'est selon, répondit l'hirondelle. Mieux vaut une araignée maigre dans le bec que dix araignées grasses dans leur trou !

– S'il vous plaît, épargnez-moi comme j'ai épargné le moucheron prisonnier de ma toile, reprit la captive. Vous, un bel oiseau rapide comme le vent, serez-vous moins généreuse qu'une obscure araignée ?

L'hirondelle parut réfléchir, puis ouvrit le bec :

– L'hirondelle ne sera pas moins généreuse que l'araignée, dit-elle. Va, tu es libre ! L'araignée n'eut pas le temps de remercier, car elle dégringola du haut du ciel et boum ! heurta la mousse du sentier. Puis elle se dépêcha de regagner son logis de toute la vitesse de ses huit pattes, en se félicitant d'avoir usé de clémence envers le moucheron.

Quelques jours plus tard, l'hirondelle, fort occupée à construire son nid dans l'encoignure d'une corniche, vit soudain une ombre s'étendre au-dessus de sa tête. Elle voulut chercher un refuge, mais déjà le rapace fonçait. Et la pauvrette sentit les serres redoutables se refermer sur elle.

À grands coups d'ailes, le roi des oiseaux se dirigeait vers son aire, en haut de la montagne, lorsqu'il entendit une petite voix misérable sortir de la boule de plumes qu'il emportait dans ses griffes.

– Oh ! grand aigle royal, le plus vigoureux et le plus noble des oiseaux, seras-tu moins généreux qu'une minuscule araignée ou qu'une pauvre hirondelle ?

– Et qui parle d'être moins généreux que ces misérables créatures ? demanda l'aigle en poursuivant son vol.

– Moi, reprit l'hirondelle. L'araignée a libéré le moucheron pris dans sa toile et moi j'ai renoncé à manger l'araignée.

L'aigle avait écouté ce discours et, naturellement, ne voulut pas se montrer moins généreux que ses humbles sujets. Il libéra donc l'hirondelle qui s'envola, heureuse d'avoir écouté les supplications de l'araignée.

Et c'est ainsi qu'en ce temps-là, tous les membres de la gent ailée, du plus infime insecte jusqu'à l'aigle royal, vécurent en bonne intelligence grâce au bon cœur d'un tout petit moucheron plus léger qu'une barbe de plume ou qu'un pétale de violette...

Le cygne aux plumes d'or

de Janine Gollier

Il était une fois, sur le romantique lac d'amour à Bruges, un grand cygne au plumage étincelant de blancheur. Son arrière-arrière-arrière-grand-père avait vécu à l'époque où le comte de Flandre Thierry d'Alsace avait rapporté de Terre sainte quelques gouttes du sang du Christ, qui reposaient depuis dans la magnifique basilique du Saint-Sang. Aussi notre cygne avait-il une très haute idée de son glorieux passé ainsi que du prestige de Bruges à laquelle il s'identifiait. Très imbu de lui-même, il dédaignait ses semblables de moins ancienne noblesse et vivait solitaire sur les canaux : son domaine.

Un jour, notre grand cygne s'aperçut qu'une plume d'or avait poussé pendant la nuit au bout de ses ailes : savez-vous qu'il n'en fut point tellement surpris ? Le lendemain, il se découvrit une nouvelle plume d'or, mais cette fois au milieu du col ; et le troisième jour, une autre encore tout au bout de la queue.

Considérant cette nouvelle faveur du ciel comme allant de soi, notre bel oiseau se serait attendu pour peu à se voir pousser une couronne sur la tête.

Il fallait le voir, scintillant comme une pépite, accabler de mépris les petits canards déconcertés par cet étrange phénomène et attristés par le dédain de leur compagnon.
Quant aux nombreux touristes et aux habitants de la ville, ils s'attardaient volontiers pour voir cet étrange oiseau qui glissait avec grâce sous les ponts.

Et pourtant... Au fur et à mesure que les plumes d'or remplaçaient les plumes blanches, le grand cygne devenait plus lourd et, partant, plus maladroit. Le métal précieux dont il se couvrait rendait sa nage difficile et ses mouvement guindés.
Les autres oiseaux aquatiques voyaient avec étonnement leur arrogant seigneur se traîner à présent sur les berges et cacher tant bien que mal sa disgrâce sous les ponts : où donc était passée sa morgue d'antan ?
Enfin, lorsque les dernières plumes blanches se furent changées en or, voulant une fois encore plonger la tête sous l'eau afin d'y trouver sa nourriture, le grand cygne bascula soudain au fond du canal, emporté par son propre poids.
Aussitôt, les canards et les autres cygnes, qui avaient assisté au drame et ne l'avaient pas vu reparaître, s'écrièrent tous en chœur :
– C'est bien fait pour lui !
Pourtant, lorsque le petit canard s'élança au secours du cygne en détresse, tous les autres oiseaux aquatiques se joignirent à lui.

Non sans peine et en conjuguant leurs efforts, ils parvinrent à ramener sur la berge le grand cygne qui resta étendu comme mort sur le gazon.
L'était-il vraiment ? Non, car au bout d'un moment il ouvrit les yeux, se rappela son aventure et se rendit compte, en se voyant entouré de tous les canards et des autres cygnes, qu'il avait été sauvé par ceux pour lesquels il n'avait eu que mépris.
– Merci, mes amis, balbutia-t-il maladroitement, peu habitué qu'il était à se montrer aimable.
– C'est lui qu'il faut remercier, répondirent les autres oiseaux en désignant l'humble petit sauveteur qui se tenait timidement à l'écart.
– Lui ? s'étonna le cygne, se rappelant que celui-ci avait été son souffre-douleur. Eh bien, petit canard, ta générosité fait aujourd'hui de toi le vrai seigneur de Bruges !
Une telle humilité faisant suite à tant de suffisance devait porter ses fruits : le lendemain, lorsqu'il se réveilla, toutes ses plumes d'or avaient disparu et sa silhouette blanche et altière comme autrefois le faisait à nouveau ressembler à quelque bibelot de porcelaine posé sur le tain d'un miroir.
Mais son attitude avait bien changé : affable, amical, il s'arrêtait à présent pour accepter les miettes de pain que lui jetaient les enfants, et les promeneurs s'étonnèrent souvent de le voir toujours nager en compagnie d'un petit canard gris avec lequel il semblait en grande amitié.
S'il vous arrive un jour de flâner le long des canaux de Bruges... cherchez bien le plus majestueux de tous les cygnes ainsi que le plus banal de tous les canards : ce seront certainement ceux dont je viens de vous conter l'étonnante et belle histoire.

Le collier de la tourterelle

de Irène Dekelper

Olivier avait reçu deux tourterelles à l'occasion de son anniversaire. Il demanda à son grand-père :

– Pourquoi mes tourterelles ont-elles un collier ?

Alors grand-père raconta :

– Il était une fois une tourterelle très coquette. Son plumage avait des reflets allant de l'ivoire au marron. Elle était très jolie et sa voix rieuse animait le jardin du matin jusqu'au soir. Elle vivait, heureuse et libre, dans ce décor agréable.

Mais notre tourterelle était vraiment si coquette, qu'elle en devenait capricieuse.

Un beau jour, elle vit un chien qui passait dans le jardin. Ce chien portait un magnifique collier de cuir avec des clous dorés.
Et aussitôt, la tourterelle décida qu'il lui fallait aussi un collier.
Mais ce n'était pas facile à trouver : son cou gracieux était si délicat que tous les colliers étaient trop larges pour elle.
Pensant qu'elle n'allait jamais trouver de collier à sa mesure, la tourterelle se fâcha et battit des ailes de mécontentement.

C'est alors qu'une pie, voulant lui faire plaisir, lui apporta une chaînette. Les pies, comme vous le savez, collectionnent volontiers les objets brillants. Et la chaînette brillait au soleil. Ce n'était pourtant qu'un ornement sans valeur, mais la tourterelle était satisfaite : elle avait un collier !

Depuis ce jour-là, elle devint encore plus coquette. Tous les animaux la regardaient avec curiosité, car c'était la première fois qu'ils voyaient une tourterelle portant un collier. Et la tourterelle, grisée par son succès tout neuf, volait fièrement de branche en branche en riant !

Dès l'aube, elle allait se montrer à ses amies et, quand elle survolait une mare, elle s'y mirait pour voir si le collier était bien mis.

Et puis, un jour, la tourterelle revit le chien qui portait un collier de cuir à clous dorés. Las ! Au collier du chien était fixée une laisse, et c'est ainsi qu'un homme promenait l'animal. Le pauvre animal n'était plus libre !

Quand elle vit la scène, notre tourterelle affolée craignit qu'on l'attachât aussi à une laisse, et elle comprit que le collier n'était pas un signe de luxe, mais un instrument de soumission. Alors elle voulut s'en débarrasser au plus tôt. Elle retira le collier et alla le jeter dans un étang. Mais, sur son plumage, à hauteur du cou, le collier avait laissé des traces noires : il avait déteint sur elle. La tourterelle ne réussit jamais à enlever ces traces, même en volant sous la pluie. C'est ainsi qu'elle garda la marque du collier et la transmit à ses enfants. Et voilà pourquoi les tourterelles d'Olivier avaient un collier !

La montre

de Irène Dekelper

– Je veux une montre pour mon anniversaire ! dit Martine. Une belle montre avec des aiguilles dorées. Je veux une montre !
Grand-père sourit dans sa barbe. Il ne tenta pas d'expliquer à Martine qu'une montre ne devait pas orner le poignet d'une petite fille de six ans ; il ne protesta même pas en évoquant le prix élevé des montres. Non. Il prit simplement Martine par la main.
– Viens ! dit-il. Nous allons faire une promenade dont tu te souviendras.
Martine était ravie. D'abord, parce qu'elle aimait se promener avec son grand-père, ensuite parce que celui-ci ne s'était pas fâché lorsqu'elle avait exprimé le désir de recevoir une montre. Cela signifiait-il qu'il acceptait de lui offrir ce coûteux présent ? La suite de cette histoire va nous l'apprendre.
Donc, grand-père, ayant pris Martine par la main, sortit avec elle en souriant toujours dans sa barbe.
La petite fille se demandait où il l'emmenait.

Ils se dirigèrent vers la place de la Gare, où se trouvait le dépôt des autobus de la ville. Martine eut vite l'attention attirée par un homme habillé d'un costume sombre et coiffé d'un képi. Chaque fois qu'un autobus arrivait, l'homme consultait sa montre et traçait quelques chiffres dans un petit carnet. Les chauffeurs consultaient alors leur montre eux aussi. De temps en temps, l'homme au costume sombre fronçait les sourcils et faisait signe à l'un des chauffeurs de s'arrêter un moment. Martine l'entendait alors parler d'une voix précipitée en reprochant au chauffeur de ne pas respecter l'horaire.

– Pourquoi se fâche-t-il ? demanda Martine à son grand-père.

– Mon enfant, dit celui-ci, cet homme est un contrôleur. Il est chargé de vérifier les arrivées et les départs des autobus et si tu le vois consulter sa montre sans arrêt, c'est parce qu'il doit faire respecter l'horaire. Lorsque le contrôleur constate un retard, il réprimande le chauffeur. Chaque chauffeur a une montre : il doit veiller à ne pas perdre de temps.

Martine était songeuse. Comme le contrôleur et les chauffeurs semblaient nerveux ! Mais déjà grand-père emmenait la petite fille plus loin.

– Viens ! dit-il. Allons nous promener sur le boulevard du Centre.

Les rues étaient animées ; partout Martine pouvait voir des gens qui se hâtaient. Le boulevard était bordé d'immeubles abritant des bureaux. Martine et son grand-père furent presque renversés par la foule qui se précipitait vers les stations de métro toutes proches.

– À demain ! lançait un gros homme essoufflé à son collègue. Excuse-moi, ajouta-t-il en consultant sa montre, je ne puis m'attarder : mon tramway arrive dans deux minutes !

Et il traversa le boulevard en courant.

Un peu plus loin, une jeune fille consultait sa montre également et soupirait en murmurant :

– Je viens de manquer l'autobus de 17 h 30.

Martine et son grand-père étaient bousculés par une foule qui courait dans toutes les directions.

– Traversons le boulevard ! dit grand-père.

De l'autre côté, il y avait une école : plusieurs mamans venaient chercher leurs enfants à la sortie. L'une d'elles, apercevant son petit garçon, lui lança :

– Dépêche-toi ! As-tu vu l'heure ? N'oublie pas que nous devons encore aller chercher ta petite sœur à la crèche. Il nous reste juste dix minutes pour nous y rendre.

Et elle fit voir sa montre à l'enfant.

Grand-père emmena ensuite Martine à la bibliothèque. Mais lorsqu'ils s'y présentèrent, un employé fermait la porte en disant : « Il est 18 h. Les bureaux sont fermés. »

Et il montra du doigt une grande horloge murale. Alors, Martine et son grand-père rentrèrent chez eux.

Comme ils allaient atteindre leur maison, ils aperçurent un vieil homme qui, de l'autre côté de la rue, les mains dans les poches, sifflotait un air joyeux.
– Enfin ! dit Martine. Voilà quelqu'un qui n'est pas pressé !
– C'est vrai ! dit grand-père. Il n'est pas nerveux comme tous ces gens qui consultent leur montre sans arrêt.
Mais Martine avait déjà compris la leçon.
– Grand-père, dit-elle, j'ai bien réfléchi : je ne veux pas de montre !
– Tu as raison ! dit grand-père. Car tous ces gens qui en ont une se font du souci parce que le temps passe. Ils ont peur de perdre une minute. Ne soyons pas comme eux.
Et Martine rentra avec grand-père en souriant.
Quelle heure pouvait-il bien être ?
Après tout, cela n'avait pas d'importance pour une petite fille de six ans !

Le thé tilleul

de Irène Dekelper

Au Moyen Âge, il y avait de grands châteaux, entourés d'eau. Les chevaliers s'y exerçaient au maniement des armes ; les châtelaines les admiraient du haut des donjons et les guetteurs, sur les chemins de ronde, observaient les alentours. Car les châtelains livraient souvent bataille et leurs châteaux devaient donc être bien gardés.

Le petit Albéric était chargé
de débarrasser le sol de toutes les feuilles mortes qui le jonchaient en automne.
Mais il préférait jouer et, bien souvent, au lieu de travailler, il courait la campagne.

Il faut dire que la campagne était belle. Autour du château stagnait une eau brunâtre mais, un peu plus loin, coulait un joli ruisseau. Albéric s'installait souvent là pour pêcher, pour observer les papillons ou suivre des yeux le vol des abeilles. Comme il négligeait sa tâche, le petit garçon se faisait souvent réprimander. Mais les reproches ne l'impressionnaient pas et il continuait à courir la campagne.

Cette année-là, l'automne était particulièrement beau et Albéric aimait fouler le tapis de feuilles pourpres qui crissaient sous ses pieds. Là-haut, sur le chemin de ronde, le guetteur frissonnait sous un vent déjà froid et, bien souvent, il s'abritait dans la tour au lieu de faire le guet à l'extérieur. Qui eût songé à attaquer le château ? Le seigneur n'avait pas d'ennemis.

Albéric, de son côté, avait beaucoup de travail. À peine avait-il ramassé les feuilles mortes que d'autres tombaient à leur tour, le forçant à recommencer sans cesse son ouvrage. En outre, il devait brûler ces feuilles mortes avec les brindilles et les détritus. Quand il eut ramassé une charretée entière de feuilles, il se sentit bien las.

« Comment, se dit-il, comment pourrais-je m'y prendre pour m'en débarrasser facilement ? Si je veux brûler toutes ces feuilles comme d'habitude, je dois d'abord pousser la charrette jusqu'à la prairie très loin, car le maître ne veut pas que l'on fasse du feu près du château. Je suis fatigué. Je n'ai pas envie de faire ce travail. »

Albéric eut soudain une idée.

« Pourquoi ne pas les jeter dans le ruisseau ? Le maître n'en saurait rien. »

Aussitôt dit, aussitôt fait. Au lieu de brûler les feuilles, Albéric les précipita dans le ruisseau, et toutes s'éparpillèrent à la surface de l'eau. Ensuite, Albéric alla s'asseoir dans un coin tranquille pour faire la sieste à l'abri du vent.

Pendant ce temps-là, dans la tour, au bout du chemin de ronde, le guetteur s'était endormi, las d'observer en vain la campagne, dehors, sous la morsure du vent. Las ! Pendant son sommeil, un châtelain voisin, jaloux et ambitieux, s'approcha du château avec une troupe armée. Sans se faire remarquer, les attaquants se préparaient à envahir le domaine. Toutefois, avant d'engager le combat, ils s'arrêtèrent pour boire. La marche avait été pénible, car ils étaient vêtus d'armures et portaient des armes fort lourdes. Ils burent de l'eau du ruisseau dans lequel Albéric avait jeté les feuilles mortes.

Alors, un phénomène étrange se produisit : les hommes qui, quelques heures auparavant, étaient prêts à engager le combat, se sentirent soudain moins excités. Un calme étrange les envahit : même le châtelain envieux n'avait plus envie de se battre. Il s'assit avec ses hommes le long du ruisseau et s'endormit comme eux, bien que la nuit ne fût pas encore venue.
Un peu plus tard, sa sieste terminée, Albéric eut envie de courir jusqu'au ruisseau pour voir si les feuilles avaient été emportées par le courant. À sa vive surprise, il découvrit les hommes endormis et courut au château où il put prévenir le guetteur. Celui-ci donna l'alerte. Le châtelain et ses serviteurs chassèrent facilement leurs ennemis surpris en plein sommeil.

Quand le châtelain apprit que l'alerte avait été donnée grâce à Albéric, il voulut entendre le petit garçon. Celui-ci avoua qu'il avait jeté les feuilles dans le ruisseau au lieu de les brûler. Le châtelain comprit que ses ennemis s'étaient endormis après avoir bu l'eau de ce même ruisseau. Or, cette eau, souvenez-vous-en, charriait les feuilles mortes ramassées dans le jardin du château : c'étaient des feuilles de tilleul.

C'est ainsi que l'on découvrit les vertus calmantes du tilleul. Depuis ce jour-là, on en fait des infusions.

Les vers luisants

de Irène Dekelper

On raconte beaucoup d'histoires
à propos de l'arc-en-ciel.
Connaissez-vous celle-ci ?

Habituellement, quand le soleil brille joyeusement dans le ciel, il ne pleut pas. C'est que le gai soleil et la triste pluie se sont mis d'accord pour paraître alternativement. Mais, en se montrant ainsi tour à tour, ils ne se rencontrent jamais. Un beau jour, le soleil et la pluie en eurent assez de jouer à cache-cache et ils décidèrent de paraître ensemble, pour une fois. Ce n'était pas facile : comment allaient-ils s'y prendre ?

Le soleil envoya sur la terre de larges rayons de lumière, et la pluie fit tomber en même temps un rideau de gouttelettes sur les champs et les forêts. Et c'est ainsi que naquit le premier arc-en-ciel. L'eau et la lumière se mêlèrent pour créer un pont.

Alors le soleil se dit :
« Je vais emprunter ce pont pour me rendre sur les nuages qui produisent de la pluie. »
Et la pluie se dit :
« Je vais emprunter ce pont pour aller à la rencontre du soleil. »

Et l'on vit un spectacle extraordinaire : le soleil envoya ses rayons les plus lumineux, et la pluie lança ses gouttes les plus légères sur le pont multicolore.
Au milieu de l'arc-en-ciel, un rideau de pluie heurta un écran de soleil. De ce choc jaillirent des gouttes de lumière qui tombèrent en se dispersant sur la terre.
Effrayés à la vue de cette pluie inhabituelle qui abandonnait des perles brillantes sur le sol, les animaux s'enfuirent.

Seuls quelques vers osèrent s'approcher des gouttes de lumière. Ils virent qu'elles étaient belles et ils burent.
Et c'est ainsi que naquirent les vers luisants.

Le restaurant des oiseaux

de Françoise Le Gloahec

Camille regardait tomber la neige avec ravissement. Tout à coup, des cris la tirèrent de ses rêveries.
– Maman, je sors m'amuser avec mes copains, cria-t-elle.

La petite fille participait enfin à l'une de ces fameuses batailles de boules de neige. Ses petits amis lui avaient si souvent parlé de ces hivers enneigés… Elle habitait cette région montagneuse depuis quelques mois et attendait les premiers flocons avec une grande impatience !
– Camille ! Coucou !
Elle se retourna juste pour recevoir une gifle glacée. Julien se tordait de rire. À son tour, Camille s'arma d'une boule et visa…

Les visages et les mains des enfants étaient rougis par le froid. Le soleil disparut derrière les montagnes et ils décidèrent de rentrer chez Julien se réchauffer.
Sur le chemin, au bas de la route menant au chalet, Camille s'arrêta brusquement :
– As-tu entendu ?
– Non, répondit Julien.
– Pschitt, pschitt...
Les enfants, immobiles, guettaient le moindre bruit, le plus petit souffle.
– Pff... Pschitt... approche.
Abasourdie, Camille ne savait que penser.
– Ce doit être le sifflement du vent dans les sapins, dit Julien. Allons, rentrons. Ma mère a préparé un gâteau épais fourré à la gelée de mûres et du chocolat chaud.
Les enfants s'apprêtaient à reprendre leur marche lorsque Camille s'écria :
– Cette fois, je suis sûre qu'il y a quelqu'un !
– Cui-cui, cui-cui, aide-moi !
– Qui parle ? Je ne vois rien !
– Regarde, regarde au pied des buissons, répondit la voix plaintive.

La petite fille observa le sol, les arbustes, dont les branches chargées de neige semblaient saupoudrées de sucre. Un oiseau, les ailes déployées et visiblement épuisé, tentait de ne pas tomber dans la neige.

Camille ôta son bonnet de laine, y déposa son protégé.

– Nous le garderons et le soignerons, dit Camille.

– Allons chez mon grand-père, il saura ce qu'il faut faire, ajouta Julien.

Monsieur Jean était un vieux berger : la nature n'avait plus de secrets pour lui.

– Il faut le mettre dans une caisse avec de la paille. Ainsi, il aura bien chaud.

– Mais, Camille, tu ne pourras pas le garder. Ce rouge-gorge s'envolera dès qu'il sera rétabli.

Les enfants installèrent le petit oiseau dans une boîte garnie de paille sèche, à l'abri douillet de la bergerie. Après avoir déposé quelques céréales et de l'eau, ils rentrèrent chez Julien.

Le lendemain, Camille s'habilla rapidement. Sa surprise fut grande lorsqu'en arrivant dans la bergerie elle entendit :

– Bonjour, petite fille ! Je veux te remercier, tu m'as sauvé la vie.

– Qui est là ?

– C'est moi, ton protégé des neiges.

– Mais ce n'est pas possible. Un oiseau, ça ne parle pas, dit Camille.

– Qu'en sais-tu ? Peut-être n'as-tu jamais essayé de communiquer avec nous ? As-tu bien observé la nature ? Elle est peuplée de tant de créatures invisibles !

Camille, s'étant approchée, regardait l'oiseau dont les petits yeux étaient extraordinairement expressifs. On aurait dit le regard d'une personne.

– Comment t'appelles-tu ? reprit-il.

– Camille. Et toi ?

– Je suis Sylvain. Je te connais. Je t'ai vue installer, dans le jardin, ces mangeoires pour permettre aux oiseaux de se nourrir. Je sais que tu t'inquiètes de notre sort durant ces mauvais jours où la neige nous cache toute nourriture. Ainsi, grâce à tes soins, beaucoup d'oiseaux passeront plus facilement l'hiver. Alors, pour te remercier, je peux exaucer trois de tes vœux, car je suis magicien.

À cet instant, un éclair illumina l'étable. L'oiseau se transforma en un jeune garçon en jean déchiré, bottes et blouson de cuir et... toujours ce même regard. Camille sursauta et s'écria :

– Toi, un magicien ! Tu ressembles plutôt au grand frère de Julien. Il chante dans un groupe de rock.

– Ah, mais je suis un magicien moderne, il faut être cool aujourd'hui !

– Qu'est-ce que tu peux faire alors comme choses merveilleuses ?

– Tout ce que tu désires, mais trois fois seulement. Choisis bien !

– J'ai bien une idée, mais je ne sais pas si tu pourras.

– Dis toujours !

– D'accord ! Voilà ! Le vieux grand-père de Julien habite cette maison, adossée à la bergerie. Le toit y est plein de trous. Les tuiles s'envolent et mon papa dit qu'il faudrait tout refaire.

Un épais nuage de fumée blanche entoura Sylvain jusqu'à le cacher entièrement. Camille entendit :

« Abracadabra,
Fées, gnomes, magiciens et sorcières
de la terre entière,
Ce toit est un vrai gruyère.
Voyez ce que vous pouvez faire. »

Une procession extraordinaire de personnages, arrivés de nulle part, se mit à s'agiter sur le toit. Les yeux écarquillés, Camille voyait les lutins s'affairer et grimper sur le toit en se faisant la courte échelle. Les sorcières, bien que se disputant un peu, alignaient les tuiles que les fées, d'un coup de baguette, fixaient.

Au bout de quelques minutes, le calme revint. Le toit était comme neuf.
– Ça alors ! Je croyais que les fées, les lutins et les sorcières n'existaient pas.
– Si, bien sûr ! Mais, de nos jours, peu de personnes sont encore capables d'y croire, répondit le magicien-rocker.

Sylvain, allongé dans la paille, ne ressemblait en rien à un magicien. Camille s'installa près de lui quand, tout à coup, il disparut. Elle l'appela puis comprit : dans la petite caisse se reposait l'oiseau aux grands yeux.
Avant de repartir, Camille le caressa du bout de l'index :
– Au revoir, Sylvain, et encore merci.

Le soleil brillait sur la neige tombée la nuit dernière.
Dans la bergerie, l'oiseau avait repris des forces et semblait plus vif.
Camille s'approcha :
– Bonjour, Sylvain !
L'oiseau ne bougea pas, ne réagit pas à son nom. Camille, déçue, fondit en larmes. Son ami ne la reconnaissait pas.
Elle ferma les yeux en se disant :
– Je sais qu'il existe puisque le toit est réparé !

Un deuxième oiseau se posa alors sur la boîte. C'était Sylvain. Le premier était l'un de ses amis qu'il avait invité à venir se réchauffer au Restaurant des oiseaux de Camille.

– Bonjour, petite amie, dit-il en reprenant l'aspect du jeune rocker. Que souhaites-tu voir se réaliser aujourd'hui ? As-tu bien réfléchi ?

– Oui. Tu sais, dans deux jours, c'est Noël ! Je voudrais tant que tous les enfants du monde soient aussi heureux que moi. Qu'ils aient tous un sapin chargé de cadeaux à découvrir le matin de Noël.

– Je vais voir ce que je peux faire.

À nouveau, sa voix se mit à résonner en même temps que l'enveloppait l'épaisse brume :

« Barbe blanche et houppelande,
Manteau rouge venant du ciel,
Oui, c'est toi que je demande,
J'ai nommé le père Noël ! »

Quelques flocons, un tintement de cloches près de la bergerie et le vieillard apparut en ronchonnant et en secouant ses vêtements alourdis par la neige.
– Qui me dérange en pareil moment ? Savez-vous que je suis très occupé ? Je dois préparer les jouets des enfants et je suis déjà en retard.
Puis, remarquant Camille, de sa voix adoucie, il demanda :
– Bonjour, chère petite ! Que se passe-t-il donc que le père Noël puisse arranger ?
– Je... je voudrais tant que chaque enfant puisse fêter Noël avec des cadeaux.
– Bon, dit-il en caressant sa longue barbe, cela me cause quelques soucis, mais si les lutins m'aident, nous y arriverons.
Et le père Noël disparut, non sans avoir déposé deux baisers sur les joues de Camille.
Aucune trace du vieux bonhomme, même pas celles du traîneau, dans la neige.
Alors Camille se tourna vers Sylvain : lui aussi était parti. Triste, elle rentra chez elle.

Les jours passèrent, sans que Sylvain ne réapparaisse. Maintenant, beaucoup d'oiseaux venaient se réchauffer dans la paille douillette de la caisse. Camille veillait aussi à ce que les mangeoires du jardin soient toujours remplies de graines et d'eau, mais son ami lui manquait. Elle retourna dans la bergerie. Sylvain était là :

– Bonjour, ma douce amie, lui dit l'oiseau.

– Enfin, je croyais ne plus jamais te revoir.

– Je ne resterai pas toujours près de toi, sais-tu ? La neige commence à fondre, le printemps sera bientôt là et nous pourrons reprendre notre vie dans la nature. Mais, avant cela, as-tu un troisième vœu que je puisse exaucer ? Ce sera le dernier, et aussi le plus cher.

– Je voudrais tant que ma famille reste auprès de moi : mon papa, ma maman, mes frères et ma sœur. Je ne veux pas être, un jour, séparée d'eux.

À ce moment, Sylvain sembla réfléchir profondément, et il sourit !

– Pour ce vœu, ce sera toi la magicienne. Le pouvoir qui les gardera près de toi, tu le possèdes déjà : c'est la tendresse et l'amour.

À cet instant, un rayon de soleil s'étira sur le plancher.

Camille regarda vers la porte : le printemps était arrivé et…

Sylvain, l'oiseau merveilleux, s'envola.

Le petit sapin de la clairière

de Françoise Le Gloahec

Les rayons dorés infiltrent l'épaisseur feuillue de la clairière. La nuit froide, comme il y en a souvent dans la vallée, a laissé place au soleil qui réchauffe la terre. L'humidité des sous-bois monte en une épaisse brume qui bientôt disparaîtra. Pourtant, ce lieu de quiétude est soudainement perturbé par l'arrivée bruyante d'hommes bottés et casqués. Non, ils ne ressemblent pas au garde forestier si calme, si respectueux de la nature. Ceux-là s'agitent, crient en consultant des cartes, mesurent et marquent les arbres : un grand trait de peinture rouge sur un tronc ici, deux autres là. Les arbres, très intimidés et plutôt inquiets, immobilisent leurs branches, calment leurs feuilles, écoutent...

Les écureuils, au fond de leurs cachettes, retiennent leur souffle. Les oiseaux se taisent...

On jurerait que la forêt est inhabitée.

Que se passe-t-il donc aujourd'hui ?

Que font ces gens ?

Enfin, le départ des hommes est salué d'une sorte de grand coup de vent. C'est le soupir de soulagement des arbres. Enfin seuls, ils s'observent.

Le châtaignier, l'un des plus vieux arbres de la forêt, est respecté pour la sagesse que lui ont donnée ses cent cinquante ans.

– Regardez ! Mon pied porte l'empreinte des hommes !

Le tremble, qui d'habitude bouge à la moindre brise, est complètement paralysé par la peur.

Avec ses vingt mètres de hauteur, il devrait être raisonnable. Mais il se demande ce que veulent dire ces marques sur son tronc. Son cousin, le peuplier tremble, tente de le rassurer. Quant au bouleau, toujours aussi fier de ses trente mètres, il est tout songeur.

Soudain, des pleurs se font entendre :

– Je ne veux pas de cette tache sur mon habit vert. Elle est laide et la couleur ne me plaît pas. Et d'abord, à quoi ça sert ? se plaint un jeune sapin.

– Il s'agit d'un repère posé par les bûcherons. Ainsi, chaque année, ils choisissent parmi nous ceux qui iront à la scierie, répond le châtaignier.

– Je ne veux pas ! Je suis encore jeune, moi ! Je ne suis pas énorme comme vous. J'attends le printemps, et l'été quand le soleil fera craquer mes épines. En automne, je pourrai me faire un tapis de vos feuilles, et puis l'hiver les sapins sont rois !

– Pas du tout ! Nous, les épicéas, sommes les rois de Noël. Nos épines sont plus longues, plus vertes et nous pouvons être très hauts, réplique Épi, un autre conifère bien trop prétentieux.

Chacun essaie de comprendre ce qui va se passer pour ceux qui portent le trait rouge. Le grand châtaignier prend alors la parole :

– Tu ne dois pas être triste, petit sapin. Nous allons avoir un destin sensationnel.

– Je ne veux pas de ton destin sensa... machin comme tu dis. Vous êtes ma famille. Le monde, je veux le voir de chez nous.

– Je te comprends, mais un nouvel avenir t'attend. Je vais t'y accompagner avec nos amis. Tu dois, comme nous, t'y résigner.

– Je suis également du voyage, dit le tremble en s'agitant.

– Calme-toi un peu, lui lance Épi.

La nuit suivante, Sapinou dort très mal. Des bruits de moteur et des cris le réveillent en sursaut. Le jour se lève à peine.

– Arrêtez ! C'est ici ! Vous abattez tous les arbres marqués de rouge, hurle une puissante voix.

Petit sapin est terrorisé, ses épines se dressent le long de ses branches. Le vent se met à souffler dans les arbres. Le ciel les connaît bien et veut les rassurer. Les bûcherons, à grands coups de hache, attaquent les troncs.

Les arbres s'abattent avec fracas, dans un nuage de poussière, sous le regard attristé des conifères et des feuillus rescapés. Puis les hommes remontent dans leurs camions et disparaissent au soleil couchant. À présent, tous les arbres sont tristes dans la clairière agrandie. Le silence est lourd à supporter. Le châtaignier, grand sage de la forêt, parle le premier. Cela déclenche une avalanche de questions où l'on ne comprend plus rien, ni personne.

– Taisez-vous et écoutez-moi !

Tous les cris s'apaisent d'un coup, lorsqu'il reprend :

– Demain, nous qui sommes allongés, nous allons partir pour la scierie. Je sais que nous ne sommes pas destinés à brûler dans les cheminées. Vous ne devez pas être malheureux de nous voir partir car notre avenir sera noble, passionnant.

Mais, les épines des uns, les feuilles des autres sont devenues ternes, sans joie…

Au petit matin, les ouvriers se remettent au travail. La scie hurle jusqu'au cœur de la forêt. Toute la végétation souffre d'entendre ce cri terrible qui lui enlève ses amis.
Les troncs et les branches sont chargés sur les camions.
Le grand châtaignier et le petit sapin se retrouvent avec plaisir à l'entrée de la scierie.
– Alors, petit, nous voici en route pour la grande aventure ? Ne crains rien, je suis près de toi.
Sapinou se retient de pleurer. Surtout parce qu'il n'a plus ses branches épineuses pour cacher ses larmes. Avec beaucoup d'autres troncs, les deux amis sont déchargés sur des machines qui les gratouillent, les réduisent en copeaux. Même lorsqu'il est plongé dans un curieux liquide, le petit sapin ne se plaint pas.
– Dis, grand châtaignier, tu es toujours là ?
– Oui, je te vois dans la cuve, répond une voix tremblante.
– C'est génial, ici, répond le jeune. Tu crois qu'on va rester longtemps dans ce bain ? On est bien, l'eau est tiède. Il fait presque aussi chaud qu'en été dans notre forêt.
– Patience ! Ah ! les jeunes ne savent pas attendre.

Plusieurs jours ont passé, lorsqu'un matin, le petit sapin s'écrie :
– Grand châtaignier ! Je suis collé : toutes les fibres de mon corps se sont attachées ensemble (le jeune arbre s'était transformé en une grande plaque de pâte grise, souple et épaisse). Ben dis donc, pas terrible, la couleur !
Le vieil arbre se met à rire :
– Eh oui ! mon garçon, tu es devenu une nouvelle matière : tu étais bois, te voilà papier.
– C'est super, mais maintenant que vais-je devenir ?
– C'est le moment de se dire adieu. C'est ici que nos chemins se séparent. Tu vas partir avec beaucoup d'autres feuilles comme toi. Vous irez dans des usines de fabrication et deviendrez journaux, magazines ou encore emballage ou carton.
– Et si je préfère être un livre de classe ou, mieux, un cahier, comment dois-je faire ?
– Il faut que tu t'appliques à être très blanc.
C'est ainsi que la vie de l'ancien petit sapin s'est transformée en une existence studieuse auprès d'un petit garçon qui fait de grosses taches d'encre sur ses belles lignes de a, de o, de u. Un jour, l'enfant copia un poème sur la forêt ; ce qui rendit le petit cahier fou de bonheur.

« Petits enfants, lorsque vous entrez dans une librairie, songez au chemin parcouru par Sapinou et tous les siens pour vous offrir ces feuilles blanches. Prenez-en soin, et lorsque vous aurez couvert les deux côtés de belles lettres arrondies, de tables de multiplication pas toujours réussies, ne les jetez pas ! Ces pages pourront être réutilisées pour fabriquer un nouveau papier. Ainsi, vous protégerez la forêt. »

L'aventure de la pipistrelle

de Marc Van Laere

C'était la nuit à Ménard… Tout était silencieux, tout le monde dormait. Tout le monde, sauf bon-papa, qui ne parvenait pas à trouver le sommeil. Aussi, il s'était levé, et tout doucement, sans faire de bruit, il était descendu au salon où il s'était installé devant la cheminée, pour lire un peu, et noter dans son grand livre les événements de la journée…

Or, tout à coup, il voit une ombre passer devant la lampe… Que se passe-t-il ? Il se dresse, regarde autour de lui, mais ne voit rien. Il se remet à écrire, et de nouveau, quelque chose le frôle et disparaît dans l'obscurité au fond de la pièce !

Il veut en avoir le cœur net, il allume toutes les lumières, et… qu'aperçoit-il, suspendue, la tête en bas à une des grosses poutres de bois ? Une petite chauve-souris, une mignonne pipistrelle !
Je vais donc vous raconter l'histoire de la petite pipistrelle désobéissante.

Il était une fois… Il était une fois dans le Périgord, une famille de chauves-souris : il y avait le papa chauve-souris, la maman chauve-souris, et leurs sept petits enfants… Ils avaient élu domicile dans une vieille grange et y vivaient heureux.
Le papa leur avait expliqué et répété qu'il ne fallait jamais sortir pendant la journée. Parce que les chauves-souris ne supportent pas la lumière du jour, et qu'en plus, elles risquent de se faire dévorer par des buses ou des milans, ou encore, attaquer par les hommes.
Tous les enfants avaient promis d'obéir, même la plus petite… Le soir venu, papa et maman chauve-souris embrassaient leurs sept enfants et partaient en chasse dans la nuit. Parfois les plus grands les accompagnaient. Alors, la petite pipistrelle, qui était vraiment encore trop jeune, restait seule dans la grange. Et elle n'était pas contente, mais pas contente du tout !

Un matin, tôt – il faisait encore tout noir –, alors que les parents n'étaient pas encore rentrés, elle se dit qu'elle en avait assez de rester enfermée, elle aussi voulait sortir. Et la désobéissante décida de partir !…

Qu'elle était heureuse et fière de sortir toute seule, comme une grande… Elle voletait de-ci, de-là, s'amusant à foncer sur les objets, sans jamais les toucher (car les chauves-souris possèdent un sens spécial, qui fait que jamais elles ne se cognent nulle part), picorait quelque moucheron ou autre petite bestiole…

Mais, à force de s'amuser, elle n'avait pas remarqué qu'il commençait à faire clair, que le jour se levait, et qu'elle s'était éloignée de la grange familiale. Quand elle s'en rendit compte, elle prit peur et voulut retourner à la maison. Mais… où donc était-elle ? Quelle direction prendre ? Et elle commençait à avoir très mal aux yeux…

Alors elle partit à tire-d'aile, jusqu'à ce qu'elle aperçoive, comme dans un brouillard, ce qu'elle croyait être sa grange.

« Ouf se dit-elle, je suis sauvée. » Et pénétrant dans le bâtiment, elle chercha un endroit où se reposer…

Mais un concert d'exclamations retentit :
– Ah ! non, pars, nous sommes au complet…
Tu n'habites pas ici… Retourne chez toi…
Ces chauves-souris-là, déjà très nombreuses, ne voulaient pas d'elle.
La pauvre s'était trompée de grange. Et toute triste, fatiguée, ne distinguant presque plus rien, elle reprit son vol… Ce fut bientôt le soir, et elle était complètement perdue…

C'est ainsi que, trouvant la fenêtre ouverte, elle était entrée dans le salon de bon-papa ! Celui-ci éteignit aussitôt toutes les lampes, pour qu'elle puisse se reposer.

Le matin, la pipistrelle, qui était épuisée, était toujours là. Bon-papa alla alors chercher Pierre-Alexandre afin de la lui montrer. Mais celle-ci, subitement réveillée, prit peur, se mit à voler dans la pièce en cherchant une issue... Et c'est finalement par la grande cheminée qu'elle prit la fuite !

L'histoire pourrait s'arrêter ici... Cependant, le lendemain matin, bon-papa revit la pipistrelle... Devinez où ? Accrochée par ses petites pattes au plafond de la cave... Et de nouveau elle s'enfuit, par la porte grande ouverte...

Comme elle ne parvint jamais à retrouver sa maison et sa famille, elle trouva refuge dans la grange du voisin, parmi de nombreuses autres chauves-souris, qui voulurent bien l'accueillir.

Et c'est ainsi qu'en été, le soir venu, on peut voir la petite pipistrelle voler au-dessus de la terrasse, et tout autour de la maison. Elle sait bien qu'elle ne risque rien, ses habitants ne l'ont jamais chassée. Elle attrape toutes sortes d'insectes; et c'est sa façon de leur dire merci !

Le pull rouge de Petit Âne

de Jacqueline Bovy

Connais-tu l'histoire de l'âne qu'on entend braire dans la colline ?
L'hiver dernier, on l'avait mis à l'écurie. Les chevaux parlaient entre eux de leurs courses. Ils étaient grands, beaux et forts. Petit Âne se sentait encore plus petit, et si seul.
Un jour, Marie, la fille des fermiers, remarqua qu'il restait tristement dans son coin.
– Qu'est-ce que tu as, Petit Âne ? Tu es malade ?
– Non, mais je suis tout seul.
– Il y a les chevaux, dit Marie.
– Ils ne sont pas mes amis, tu sais.
– Attends, dit Marie, je vais leur parler…
– Non, non, ça ne servirait à rien. Ce que je voudrais, Marie, c'est retourner dans mon pré, voir le soleil se lever le matin sur la colline, la lune et les étoiles briller dans la nuit. Et puis voir les gens qui passent sur le chemin, et qui me disent bonjour.
– Mais, Petit Âne, il fait froid l'hiver dans le pré. Tu ne serais pas bien.

– Pourtant, Marie, toi tu sors quand il fait froid. Tu mets ton gros pull bleu, avec un capuchon. Tu n'as pas froid. Si j'avais aussi un gros pull, je serais bien.

– Je n'ai pas de pull assez grand pour toi, Petit Âne, même ceux de papa seraient trop petits.

– Tu pourrais peut-être m'en tricoter un...

Il avait l'air si triste, Petit Âne, que Marie chercha parmi les pelotes de laine inutilisées de sa maman. Il y avait des grosses pelotes de laine rouge, et maman accepta de les lui donner. Marie prit les mesures de Petit Âne et tricota un grand pull, avec un capuchon, quatre trous pour les pattes, un pour le cou, un pour la queue, et deux pour les oreilles.

Quand il fut terminé, elle l'essaya à Petit Âne. Ce n'était pas un pull magnifique, il avait quelques mailles mal tricotées et le capuchon était trop large, mais il était chaud !

Petit Âne était si content ! Il frotta doucement sa joue contre celle de Marie pour la remercier et il dit :

– Maintenant, je peux aller dans le pré.

– Attends, il faut d'abord demander à maman et papa.

Quand maman vit Petit Âne, si drôle dans son pull, elle eut envie de rire. Mais elle ne voulait pas faire de peine à sa fille, alors elle dit :

– Bravo, Marie. Mais pourquoi un pull pour Petit Âne ? Il va avoir trop chaud.

– C'est parce qu'il voudrait retourner dans le pré, maman.
Il est triste à l'écurie. Avec le pull, il ne risquera pas d'avoir froid.
– Non, dit maman, mais quand il pleuvra, il ne sera pas à l'abri. Et, avec un pull mouillé, il aura très froid et sera malade.
– On pourrait lui faire un petit abri, juste pour la pluie.
– Qui le ferait, ma chérie ? Papa n'a pas le temps.
Marie avait l'air si déçue, et Petit Âne si triste, que maman dit :
– Demande à ton frère.
Marie sortit en courant. Son grand frère, Louis, était dans la cour.
– Tu veux bien, dis, Louis ? Tu veux bien faire un abri pour Petit Âne ? Pour qu'il retourne dans son pré. À l'écurie, il est triste. Je lui ai tricoté un pull mais pour la pluie, il lui faudrait un abri. Tu veux bien, dis, Louis ? Tu veux bien ?
Louis regarda maman, qui hocha la tête pour dire oui, et il accepta. Marie dansait de joie autour de lui. Elle était tellement impatiente, et Petit Âne était si joli avec son capuchon qui retombait sur ses grands yeux, que Louis alla tout de suite construire l'abri dans le pré.

Le soir, on montra tout à papa : le grand pull rouge bien chaud et le bel abri. Marie lui raconta tout, très vite, et maman répéta, bien doucement en souriant.
Papa regarda surtout les yeux brillants de Marie et les grands yeux doux de Petit Âne. Et il dit oui, lui aussi. Petit Âne était si heureux qu'il avait l'air de rire.
La nuit, il ne dormit pas beaucoup. Il pensait à la colline, au soleil, au vent, aux étoiles. Le lendemain, Marie et Louis le conduisirent dans le pré. Il respira bien fort l'air de sa colline et la paille fraîche de l'abri ; il goûta l'herbe. Il était bien.
Quand les gens qui passaient sur le chemin virent que Petit Âne était revenu, ils prirent l'habitude de lui apporter une carotte ou une pomme. Marie venait souvent caresser son ami. L'hiver passa. Petit Âne ne prit pas froid et ne fut pas mouillé.
Tu sais, ici, en Provence, il ne fait pas trop froid, il ne pleut pas trop souvent.

Le printemps arriva. Marie enleva le pull de Petit Âne. Les chevaux revinrent sur la colline. Ils avaient compris que Petit Âne n'avait pas été heureux avec eux.
– Pardonne-nous, dirent les chevaux, nous n'avons pas été gentils. Tu as dû avoir froid.
– Oh, non ! dit Petit Âne, j'avais un gros pull, et un bel abri. J'étais bien. J'ai vu le soleil se lever le matin sur la colline, la lune et les étoiles briller dans la nuit. Beaucoup d'amis sont venus me voir.
– Il a raison, dit un cheval. Moi aussi, je voudrais passer l'hiver sur la colline.
– Et moi aussi, dirent tous les autres.
Alors, pendant l'été, maman et Marie tricotèrent des pulls pour tous les chevaux. Papa essaya aussi... Puis avec Louis, il leur construisit un grand abri.
Et c'est pour ça que, cet hiver, Petit Âne et les chevaux sont tous dans le pré où ils regardent, le matin, le soleil se lever sur la colline.

L'écureuil de la montagnette

De Jacqueline Bovy

Dans la montagnette vit un petit écureuil roux. Son poil est brillant, doré et chaud, comme le soleil de Provence.

Dans le creux d'un chêne vert, il s'est installé un petit nid très confortable, avec un lit et un énorme garde-manger. Car le petit écureuil aime sauter de branche en branche, courir dans le thym et le romarin mais surtout, il aime manger.

C'est l'automne. Le petit écureuil fait ses provisions pour l'hiver. D'abord, un énorme tas de pignons de pin puis, pour le dessert, des mûres séchées et des baies de toutes les couleurs. Mais hélas, pas la moindre noisette.

Dans la montagnette, pas le moindre noisetier.
Tout l'été, il en a cherché un, sans succès. Mais il ne se décourage pas, il cherche toujours, de plus en plus loin de son nid.
Soudain, il s'arrête. Il renifle. Une odeur qu'il connaît bien, mais qu'il n'a pas sentie depuis bien longtemps : l'odeur des noisettes !
Il est là, devant lui, touffu et avec ses branches qui ploient sous des centaines de fruits, le noisetier qu'il a tant cherché.
Vite, il goûte une noisette. Juste le goût qu'il aime. Il goûte, il goûte. Il pourrait y goûter toute la journée.

Mais son nid est loin et s'il veut y ramener des noisettes, il doit se mettre en route.

Il se charge tant qu'il peut et se prépare à repartir lorsqu'il entend un bruit qu'il connaît bien aussi mais n'aime pas du tout. Il lève la tête et cherche des yeux, prudemment. Il est là, le gros hibou mangeur de petits écureuils. Le petit écureuil tremble, il n'ose plus bouger.

Les noisettes s'entrechoquent entre ses pattes. Les minutes passent, longues et terrifiantes.

Le hibou ne bouge plus. Il doit s'être rendormi. Alors, très doucement, le petit écureuil saute du noisetier et prend la fuite en regardant souvent derrière lui si le hibou n'a pas pris son envol.

Le hibou s'éveille en sursaut, troublé par un bruit. Là, un petit écureuil roux qui file dans les herbes sèches. Il n'avait pas rêvé tout à l'heure. Il y avait bien un écureuil dans le noisetier ! Mais que le soleil brille, qu'il lui brûle les yeux. Et puis, il est si fatigué.

Bah, les écureuils aiment les noisettes et ce noisetier doit être le seul dans la montagnette. Il reviendra. Il reviendra même sûrement un jour où le soleil brillera moins fort et où il pourra l'attraper. Et il se rendort. Le petit écureuil a rejoint son nid. La peur est toujours là. Il la sent au creux de lui-même, et jusque dans ses poils. Il lui faut longtemps pour s'apaiser. Enfin, il s'endort, épuisé.

Le lendemain, il regarde les quelques noisettes qu'il a rapportées. C'est bien peu. Il pense au noisetier, au gros hibou. C'est bien risqué ! Il hésite entre la peur et la gourmandise.

Il essaie de se convaincre que les hiboux chassent la nuit, que s'il ne fait pas de bruit, le hibou ne s'éveillera même pas. Il regarde le ciel. Le soleil éclate de toute sa lumière. Les gros hiboux, c'est bien connu, n'aiment pas le soleil. Et s'il fait sa cueillette au milieu du jour, quand le soleil est le plus brillant, le hibou n'osera peut-être même pas ouvrir les yeux. Il se décide. Il est parti.
À quelques mètres du noisetier, il hésite encore. Il sent sa peur revenir et le mordre au ventre.
Il ne peut pas. Mais là-haut, le soleil semble lancer du feu. Et sa chaleur le pousse dans le dos. Le petit écureuil fait un pas, encore un, s'arrête, écoute, repart, lentement, en tremblant. Enfin, il arrive au noisetier.

Vite, il cueille, en essayant de ne pas faire craquer les branches, de ne pas faire tomber de noisettes. Il ne se charge pas trop, pour pouvoir courir et sauter. Et il repart. D'abord doucement et silencieusement, puis à toutes pattes. Le gros hibou a senti la présence de l'écureuil mais le soleil lui incendiait les yeux. Il n'a pas pu les ouvrir vraiment. Il sait que le noisetier est encore lourd de noisettes. Il sait que l'écureuil reviendra. Rentré au nid, l'écureuil s'est apaisé plus vite que la veille. Grâce au soleil, il a triomphé. Grâce au soleil, il est plus fort que le hibou. Demain, si le soleil veut bien l'aider, il retournera au noisetier. Les jours passent, le soleil brille, l'écureuil, plus fort que le hibou, cueille tant qu'il peut. Le hibou, aveuglé, prend patience.
Un matin, le ciel est gris, les nuages retiennent la lumière du soleil. Le gros hibou ouvre prudemment les yeux. Enfin ! Aujourd'hui, il va manger l'écureuil !
Il attend, les heures passent.
Dans son nid, l'écureuil regarde l'énorme tas de noisettes mises en réserve pour l'hiver. Il peut bien en manger quelques-unes, il y en a tant. Elles envahissent même son lit.

Il regarde aussi le ciel gris et, dans son cœur, remercie son ami soleil. Aujourd'hui, il ne pourra pas aller au noisetier mais cela n'a pas d'importance : le noisetier n'a plus une seule noisette.
Dans son chêne, le hibou attend. Il est fatigué mais n'ose pas s'endormir, de peur de ne pas entendre l'écureuil. Les heures passent. Le hibou s'énerve. Il s'énerve tant qu'il prend son vol, atterrit au pied du noisetier. Il regarde avec ses grands yeux de nuit, il regarde le noisetier dépouillé et il comprend que l'écureuil ne viendra plus, qu'il ne le mangera pas. Il soupire, regagne son chêne et se rendort en pensant que l'automne prochain, peut-être...

Le petit poney d'Ilona

de Emma Derégnaucourt

Il était une fois, au pied des montagnes, un vallon fleuri où la vie s'écoulait paisiblement. Il y avait là des forêts odorantes et un ruisseau qui voyageait entre les fougères et le velours vert des prés. Quelques chalets, disséminés au gré des chemins, animaient le paysage de petites taches gaies et colorées.

Ilona vivait heureuse dans l'un de ces jolis chalets de bois. Ses parents élevaient des poneys et enseignaient les rudiments d'équitation aux enfants des villages alentour. Ilona avait d'ailleurs été juchée sur un poney avant même qu'elle ne sache marcher.

Ce matin-là, la petite fille était très excitée : Maya, sa ponette préférée, allait mettre bas...
Le papa d'Ilona avait veillé la ponette durant toute la nuit. Vers huit heures, enfin, il vint annoncer l'heureuse nouvelle : le petit poney était né ! Sa robe avait la même couleur alezane que celle de Maya et Caramel, ses parents ; aussi le baptisa-t-on Acajou, comme le bois roux dont on fait de si jolis meubles.
Oubliant alors sa gourmandise et la bonne odeur de pain grillé, la petite fille impatiente se précipita à l'écurie. La porte de la stalle dans laquelle reposaient Maya et son petit était ouverte. Ilona s'approcha et vit le spectacle attendrissant du poulain niché entre les jambes de sa maman. Acajou était d'une très jolie couleur et Ilona trouva que son nom lui allait vraiment bien. Elle s'étonna cependant de l'épaisseur de sa robe. Ses poils étaient bouclés et si drus qu'ils faisaient ressembler le petit poulain à un agneau d'Astrakan.

– Tu as déjà vu des poneys avec un tel pelage, papa ? demanda la petite fille.

Le père hocha négativement la tête ; il semblait soucieux... Mais Ilona était ravie que son petit poney ne ressemble à aucun autre. Elle lui trouvait un petit air comique qui lui plaisait beaucoup. Maya léchait son petit avec amour. Ilona s'approcha d'Acajou et le caressa doucement. Comme il était doux et chaud sous sa petite main !

Les jours passèrent, puis les semaines et les mois. Ilona s'attachait de plus en plus au petit poney. Acajou avait à présent rejoint les autres poneys dans la prairie voisine. Mais il était toujours solitaire à brouter l'herbe tendre. À cause de sa dissemblance, les poneys ne reconnaissaient pas Acajou comme un des leurs, et tous s'écartaient peu à peu de lui.

L'été vint et la vague des jeunes estivants. Papa et maman étaient à présent très occupés avec ces petits cavaliers en vacances. Aussi Ilona les aidait-elle de son mieux en brossant les poneys, en curant leurs sabots, en montrant aux petits citadins à seller et desseller leur monture, ou en nettoyant les boxes. Elle aimait ce va-et-vient des enfants, ses responsabilités auprès d'eux, l'odeur de l'écurie, et ces heures passées à soigner les poneys.

Un seul détail la contrariait : Maya, sensible à l'attitude de ses pareils, semblait s'éloigner de son poulain et le frustrer de sa tendresse maternelle. En outre, les gamins du village traitaient le pauvre petit Acajou de « mouton raté », et ce vilain sobriquet blessait le cœur d'Ilona. Aussi passait-elle beaucoup de temps en compagnie du poulain. Acajou venait à sa rencontre dès qu'il apercevait la jeune fille, relevant les naseaux et agitant sa crinière comme pour la saluer. Il était d'un naturel très doux et les caresses de la fillette compensaient tout le mépris des siens à son égard. Résigné, le petit poney s'accoutumait à son sort.

Les parents d'Ilona accordaient bien sûr la même attention à tous leurs poneys. Malgré tout, la disgrâce d'Acajou et son rejet au sein de l'écurie leur causaient un souci d'autant plus grand qu'il affectait aussi leur petite fille.

Une année s'écoula ainsi, entre l'école et l'écurie, les joies et les petits chagrins. Acajou avait bien grandi. À l'approche de ses deux ans, il était devenu un robuste poney, de petite taille, mais fort et vigoureux. Ilona avait accompagné ses parents chez le bourrelier pour acheter le harnais d'Acajou. Elle avait choisi une jolie selle, d'un beau cuir couleur de miel, et bien adaptée à la carrure du poney. On avait aussi acheté un licol et une bride pour compléter le harnachement. Acajou se laissa bientôt monter. Dès les premières tentatives, il se montra docile et obéissant. Il avait le pied sûr et résistait sans paresse au froid comme à la pluie. Ilona chevauchait désormais sur sa croupe, le long de la route et jusqu'aux sous-bois, mais au pas, sans forcer l'allure, car Acajou était encore bien jeune pour le galop et les obstacles.

À l'orée de l'automne, l'oncle Bastien vint passer quelques jours au haras. Ilona aimait beaucoup son oncle, d'humeur toujours joviale et entraînante. C'était un de ces êtres généreux qui donnent à la vie la couleur et les parfums du printemps.

Bastien était maître-chien, c'est-à-dire qu'il dressait des chiens à retrouver des blessés enfouis sous la neige, en haute montagne. Son ami fidèle, Écume, un labrador jaune de cinq ans, l'accompagnait dans tous ses déplacements. Écume était un chien d'avalanche avec un flair infaillible. Lui et son maître avaient déjà sauvé maintes vies humaines, alpinistes aguerris ou skieurs imprudents.

Écume, d'ordinaire peu sociable avec la gent chevaline, avait aussitôt sympathisé avec Acajou. On les voyait cheminer ensemble dans l'enclos, ou se reposer flanc contre flanc dans la stalle, Écume lové dans les jambes du poney. Cette amitié ne lassait pas d'étonner la maisonnée qui s'interrogeait sur les conséquences de leur prochaine séparation.

Puis, le dernier soir, l'oncle Bastien fumait sa pipe au coin du feu quand une idée lui vint :

– Ces deux-là, dit-il en désignant Écume et Acajou, sont faits pour s'entendre. Or, quand j'emmène Écume fouiller la neige en altitude, j'ai besoin d'un traîneau pour le transporter sans le fatiguer. Le traîneau est tiré à bras d'homme, mais cette tâche conviendrait fort bien à Acajou. Son pelage épais le protégerait du froid, et le poids d'Écume ne serait pas une lourde charge pour un poney aussi robuste qu'Acajou. Ilona sentit soudain son petit cœur éclater dans sa poitrine. La petite fille n'avait jamais craint d'être un jour séparée de son poney, et la brutalité de cette évidence l'anéantissait. Son monde semblait s'écrouler tout à coup, la laissant seule, triste, et si petite !...

– Je comprends ton chagrin, Ilona, ajouta l'oncle Bastien en voyant les lèvres de la petite fille trembler et une larme poindre au coin de ses grands yeux bruns. Mais tu pourras venir nous voir aussi souvent que tu le voudras, tu sais. Et je te promets de dorloter ton poney comme un vrai pur-sang ! Bien sûr, Ilona savait combien les journées devaient sembler longues à Acajou lorsqu'elle était à l'école. Et puis, son petit poney serait heureux dans la montagne auprès d'oncle Bastien : Écume et Acajou n'étaient-ils pas déjà les meilleurs amis du monde ?

Ilona se résolut donc à voir Acajou la quitter pour son nouveau foyer. Elle l'embrassa très fort à l'encolure et le tint longtemps serré contre elle, caressant son toupet broussailleux. Puis papa et l'oncle Bastien firent monter le poney dans le van, qui disparut trop vite à l'horizon.
Les jours qui suivirent gardèrent longtemps l'amertume de ce départ. Puis la tristesse se dissipa peu à peu dans le regard d'Ilona, comme dans son cœur.

L'hiver s'installant, l'oncle Bastien initia Acajou à son nouveau travail et l'attela enfin au traîneau d'Écume. Tous deux ne se quittaient plus et se complétaient à merveille pour sauver les hommes en péril. À l'occasion, Écume lui-même demandait à être attelé, pour tirer le traîneau en compagnie de son ami.
La disgrâce du petit poney au long pelage bouclé s'était muée en une distinction que tous admiraient et respectaient. On l'avait surnommé « Le poney des neiges » et, au fil du temps, Acajou était devenu une vedette et la mascotte du village de l'oncle Bastien.

Ilona retrouvait son poney chaque été, durant les vacances. Et lorsqu'elle remporta sa première victoire en équitation, c'est au souvenir d'Acajou et pour lui, qu'elle embrassa sa coupe avant de la brandir, radieuse.

Les lutins (d'après une vieille légende écossaise)

de Pierre Saffre

Jim et John étaient frères jumeaux et, ensemble, ils venaient d'atteindre l'âge vénérable de douze ans. Comme beaucoup de garçons, ils préféraient jouer qu'aller à l'école, grimper aux arbres que faire la vaisselle à la maison.
Jim et John s'étaient retrouvés orphelins à trois ans et vivaient chez leur grand-mère, dans un coin perdu en Écosse. La vieille dame était adorable, mais elle était un peu maniaque : elle désirait que l'on soit propre, qu'on ne déchire pas ses vêtements, qu'on prenne sa part des soucis domestiques, et ainsi de suite...
En grandissant, Jim et John se rendaient compte davantage des manies de la vieille dame et, bien qu'ils l'aimassent beaucoup, ils avaient l'art de s'esquiver rapidement pour éviter toute corvée. Leur grand-mère opérait donc seule le grand nettoyage, en dépit de ses rhumatismes.

Leur grand-mère, à force d'assurer seule tous les soins du ménage, tomba malade et dut garder le lit.

C'était loin d'être drôle pour Jim et John. Plus de petits plats savoureux, la vaisselle qui s'accumule, les vêtements qui restent pleins d'accrocs et j'en passe !

Or, les deux garçons avaient un ami qui leur semblait capable de résoudre les problèmes les plus ardus. C'était un aveugle, qui passait de village en village, poussant un vieil orgue de Barbarie, presque aussi décrépit que lui. Mais si croulant qu'il parût, le vieil aveugle était toujours joyeux, connaissait des foules de secrets bizarres, demeurait toujours d'excellent conseil.

Jim et John lui firent donc part de leur triste état.
L'aveugle, après les avoir écoutés, leur chuchota tout bas :
– Pourquoi ne demandez-vous pas aux lutins de faire tout l'ouvrage à votre place ?
Jim et John furent interloqués :
– Les lutins ? Qu'est-ce que c'est ?
– Des sortes de nains bénéfiques qui font, durant la nuit, tout le travail que nous ne faisons pas. Ils s'évanouissent à l'aurore... répondit l'aveugle.
– Mais où peut-on les rencontrer ? questionna Jim.
– Ma foi, je n'en sais pas plus que vous à ce sujet, reconnut l'aveugle. Mais... si vous n'avez pas peur... il suffit de vous rendre par une nuit de nouvelle lune au vieux donjon du nord de la ville. Au sommet du donjon gîte un hibou, paraît-il monstrueux, mais que l'on dit fort sage et que l'on prétend bicentenaire. Lui seul connaît la formule magique qui permet de contacter les lutins. Allez-y donc, si vous êtes courageux !

Le soir donc, ils sortirent en catimini de la maison et s'en furent par les ruelles sombres. Il tombait un crachin et les garçons grelottaient de peur et de froid. Finalement, ils atteignirent le sinistre donjon, passèrent sous le vieux porche et se mirent à gravir les marches aux pierres usées par les siècles. Soudain, ils perçurent un cri rauque et sourd qui faillit leur faire rebrousser chemin.

Ils poursuivirent leur ascension pour déboucher enfin sur la plate-forme supérieure qui dominait la petite ville. Au creux d'une niche de pierre, ils devinèrent deux gros yeux jaunes qui dardaient sur eux d'étranges feux. Lorsqu'ils ne furent plus qu'à un mètre des yeux, ils devinèrent la silhouette d'un énorme hibou qui semblait de marbre.

Les garçons prirent leur courage à quatre mains :
– Bonsoir, monsieur le Hibou… murmurèrent-ils de concert.

Le grand oiseau s'ébroua :
– Vous êtes venus une nuit de lune nouvelle, une nuit toute noire et malgré votre peur ! Vous avez donc grand besoin de moi… Que voulez-vous ?

Jim murmura :
– Savoir où rencontrer les lutins, ceux qui font les corvées à notre place…
– Et apprendre de vous la formule magique qui nous permettra de les contacter, renchérit John.

Le vieux hibou se racla la gorge :
– A-grouu… A-grouuu… C'est bien. Je suppose que vos intentions sont bonnes. Rendez-vous maintenant à l'étang de Yellow Bird. Mirez-vous dans l'eau glauque en répétant trois fois de suite :
« Sors, gentil lutin, de ce marécage, au fond de l'eau j'ai vu… »
– J'ai vu quoi ? interrogea John.

Le hibou gronda :
– Je vous ai transmis la formule magique !
À vous de faire le reste ! Adieu !

Et le vieil oiseau s'enfonça tout au fond de sa niche de pierre.
Les garçons dévalèrent les escaliers du donjon et partirent en courant vers l'étang désigné.

Parvenus là-bas, ils se penchèrent le plus près possible de la surface de l'eau. Puis ils entonnèrent ensemble la formule :

– Sors, petit lutin, de ce marécage ! Au fond de l'eau j'ai vu…

Rien ! Bien sûr, il fallait que l'invocation fût répétée trois fois. Jim et John reprirent donc de plus belle. Toujours rien ! Jim se releva d'un bond !

– Ce vieux hibou gâteux s'est moqué de nous ! Retournons lui dire son fait !

Humiliés d'avoir été ainsi bernés, les deux garçons grimpèrent à nouveau au sommet du donjon et se précipitèrent vers la niche. Le hibou les attendait…

– Vous êtes un farceur ! s'écrièrent les deux enfants. À l'étang de Yellow Bird, il n'y a pas plus de lutins que sur votre crâne déplumé !

Le hibou prit un air étonné :

– Vous êtes-vous penchés sur l'eau en répétant exactement la formule magique ?

– Bien sûr !

– Et vous n'avez rien vu à la surface de l'eau ?

– Aucun lutin. Rien de rien !

– Allons, rappelez-vous mieux… Vous n'avez vraiment RIEN vu ?

– Non ! vous dit-on… Nous n'avons aperçu, à la surface de l'eau, que le reflet de nos deux visages.

Le hibou éclata d'un rire sonore :

– Eh bien, qu'attendiez-vous de plus ? Vous voyez bien que vous avez aperçu les lutins ! Les seuls lutins qui existent vraiment et qui peuvent vous aider, ce sont les deux visages que vous avez pu voir dans l'eau !

Le lendemain matin, comme elle se sentait un peu mieux, la grand-mère quitta son lit pour faire le tour de la maison. Quelle ne fut pas sa stupeur de voir combien tout reluisait et fleurait l'encaustique, combien chaque objet semblait neuf, comme tout trônait dans un ordre parfait !

... À croire, vraiment, qu'une fée ou des lutins étaient passés par là !

Elle atteignit la chambre des deux petits diables. Elle poussa doucement la porte.

La pièce brillait comme un sou neuf !

Côte à côte, les deux frères ronflaient d'un sommeil lourd. Même les yeux fermés et le corps détendu, ils avaient l'air exténués !

Personne – sauf Jim et John – ne sut jamais ce qui avait pu se passer vraiment.

Pourquoi les roses ont-elles des épines ?

de Marion Laclaverie

À l'époque où les rosiers n'avaient pas encore d'épines vivait une petite fille, Marine, qui avait pour meilleure amie une magnifique rose. Chaque matin, Marine venait, avant de partir à l'école, saluer la fleur. Lorsqu'elle rentrait chez elle après la classe, ses premières pensées étaient pour sa rose. Elle se dépêchait de déposer son cartable dans sa chambre pour se précipiter dans le fond du jardin où l'attendait la fleur. La fillette racontait alors sa journée à la rose qui l'écoutait en agitant doucement ses pétales dans le vent. La fleur était heureuse, Marine aussi.

Puis arriva l'été et avec la chaleur du mois de juillet, l'anniversaire de Marine. Ce matin-là, en se levant, elle buta sur un énorme paquet dont elle se hâta de défaire le ruban.

Surprise, Marine découvrit alors, tapi au fond d'une caisse en bois, un mignon hérisson qui la fixait avec des yeux étonnés. Elle le baptisa Pimpon et, folle de joie, le déposa délicatement sur la moquette de sa chambre puis entreprit de jouer avec lui. Elle fouilla dans ses affaires, découvrit un vieux morceau de laine au bout duquel elle attacha une boulette de papier et secoua le tout devant le museau du hérisson. Celui-ci, d'abord un peu effrayé, se prêta vite au jeu.

Ce jour-là, la petite fille n'alla pas saluer sa rose, elle ne vint pas non plus lui raconter d'histoires, ni même l'arroser. Trop heureuse d'avoir trouvé un nouvel ami, elle en oublia complètement la fleur. Les jours s'écoulèrent, puis les semaines… Marine et Pimpon passaient le plus clair de leur temps à jouer ensemble, tandis que, là-bas, au fond du jardin, triste et assoiffée, la rose dépérissait peu à peu…

Un jour qu'il faisait beau, Marine mit son hérisson dans un panier et l'emmena dans les bois pour jouer à cache-cache. Lorsque ce fut au tour de Pimpon de trouver l'enfant, il fouina dans les haies et les buissons alentour. Malheureusement, il se retrouva face à un énorme loup qui l'avala. Le soir venu, Marine, inquiète de ne pas revoir son hérisson, le chercha longtemps dans les bois et même après le coucher du soleil.

Ce n'est que le lendemain, en revenant près de l'arbre où la veille elle avait quitté Pimpon pour se cacher, qu'elle découvrit les piquants du hérisson. Voilà tout ce qu'il restait du pauvre Pimpon.

Effondrée, Marine rebroussa chemin. Une fois chez elle, elle se pelotonna dans le canapé en contemplant, à travers un brouillard de larmes, le feu qui crépitait dans la cheminée. Les heures passaient sans que l'enfant ne bouge. Elle refusait de s'alimenter et toutes les tentatives pour la consoler étaient vaines. Mais soudain, les flammes se mirent à danser de plus belle dans l'âtre et, ce faisant, dessinèrent une rose. Marine se souvint alors de sa fleur qu'elle avait tout bonnement abandonnée. D'un bond elle fut sur pied et se précipita au fond du jardin.

Malheureusement, la chaleur de l'été semblait avoir eu raison de la rose dont la tige desséchée penchait pitoyablement. En larmes, Marine courut remplir un arrosoir.

Ô, surprise ! À sa plus grande joie, la fleur se redressa peu à peu, retrouvant sa jolie teinte rose disparue. Pourtant, Marine eut l'impression que quelque chose avait changé. Elle se pencha un peu plus sur la fleur et s'aperçut que sa tige était maintenant couverte de minuscules piquants tout comme son hérisson.

Depuis ce jour, toutes les roses portent des épines. Et chaque personne qui s'y pique se souvient qu'il y a bien longtemps, à l'époque où les rosiers n'avaient pas encore d'épines, une rose avait voulu, pour faire plaisir à une enfant, lui rappeler un hérisson.

Le renard et les chasseurs

de Irène Dekelper

Imaginez-vous que les renards n'ont pas toujours été roux. Si l'on en croit une légende, en effet, les renards avaient autrefois un pelage très clair. Bien sûr, ce n'est qu'une légende, mais elle vaut d'être contée.
Un vieux paysan ardennais, qui la connaît, la raconte ainsi.
Il était une fois, dans les Ardennes, il y a bien longtemps, un méchant renard qui venait fréquemment voler des poules chez les fermiers. Ceux-ci avaient bien essayé de lui faire peur, mais le renard était si astucieux qu'il parvenait toujours à voler des poules sans se faire prendre.

Ce renard, qui avait un pelage très pâle, était devenu le souci principal de tous les fermiers.

Dès que le jour tombait, les hommes enfermaient les poules et leurs poussins dans les poulaillers, et ils fermaient soigneusement les portes des bergeries. Les fermières rappelaient les enfants qui jouaient aux alentours, leur défendant de sortir après le repas du soir.
Hélas ! Les poules, les poussins, les moutons, comme les petits enfants, se montrent parfois désobéissants. Et quand le renard venait rôder autour des fermes, il trouvait toujours une poule imprudente qui n'avait pas regagné le poulailler à temps, ou un agneau qui n'avait pas suivi sa mère.

Un jour, les fermiers en eurent assez. Ils se réunirent en grand conseil dans la ferme du père Nicolas et décidèrent d'entreprendre une action commune pour mettre fin aux méfaits du renard. Il fut convenu d'organiser une battue dans les environs. Sans attendre, tous les hommes valides des alentours se mirent en route. Ils voulaient passer toute la région au peigne fin.

Le renard se cachait bien au fond de la forêt, et les hommes durent marcher longtemps avant de trouver son terrier. Mais alors, se voyant découvert et traqué, le renard prit la fuite. Il courait très vite et se glissait avec souplesse entre les arbres. C'était l'automne. Les feuilles mortes aux tons cuivrés jonchaient le sol humide. Les arbres, qui se dénudaient, semblaient implorer le ciel en tendant vers lui leurs bras noueux.

Pendant de longues heures, les hommes poursuivirent le renard, et ils réussirent à diriger sa fuite vers une clairière où ils allaient pouvoir le prendre aisément.

Le pelage clair du renard leur permettait de le distinguer sans peine. Les fermiers en ce temps-là n'avaient d'autres armes que des fourches, des bâtons, des couteaux. Armés de la sorte, ils marchèrent en cercle vers le renard, certains de leur victoire. Alors, le renard traqué, se sentant perdu, se mit à regretter amèrement ses méfaits passés.

« Ah ! se disait-il, si seulement j'avais pris mes repas dans la forêt comme les autres renards ! Pourquoi donc ai-je volé les poules des fermiers ? Il y avait pourtant assez de nourriture dans la forêt ! » Et le renard pleurait de désespoir. N'attendant aucun secours, il s'étendit sur le sol au milieu de la clairière et ferma les yeux.

Mais soudain, le vent se leva, arrachant violemment les dernières feuilles qui garnissaient encore les branches.
Et le vent porta ces feuilles jusqu'à la clairière, où elles vinrent recouvrir le renard, qui se confondit ainsi avec le tapis cuivré qui recouvrait le sol.
Les fermiers, qui avançaient toujours, furent fort étonnés de ne plus apercevoir le renard. Sans doute s'était-il encore échappé ! Et comme la longue marche les avait épuisés, ils renoncèrent à poursuivre davantage le renard ce jour-là. Ils rentrèrent donc chez eux.

Mais les fermiers ne reprirent plus jamais la battue. Le renard avait eu trop peur, et désormais il se contenta de la nourriture que la forêt lui offrait. Il conserva toujours la toison de feuilles qui lui avait permis d'échapper à la vue de ses poursuivants, en le rendant aussi roux que le sol et les buissons de l'automne. Et c'est depuis lors, paraît-il, que les renards sont roux.

Maigrelette

de Marie-Christine Fransolet

Il était une fois une petite fille toute menue, toute finette, sa maman l'appelait : Maigrelette.
Elle picorait comme un poussin dans les céréales du petit déjeuner, offrait à chaque récréation son goûter aux copains et ne voulait même pas de dessert !
À ce régime, elle restait minuscule, fine comme une allumette, et sa maman se désolait.

– Maigrelette, disait-elle, fais-moi plaisir, goûte ce délicieux gratin doré, cette tarte au sucre, ces chips croustillantes.
Rien à faire, Maigrelette refusait tout, même les œufs en chocolat à Pâques.
– Quand elle aura faim, elle mangera, laissait tomber la voix grave de papa.
– On n'a jamais vu un enfant se laisser mourir de faim.
Et il continuait à lire son journal.

Un jour comme tous les autres jours, Maigrelette partit à l'école lestée de trois gouttes de lait et d'un morceau de biscotte. Sur le pas de la porte, sa maman lui tendait un pain au chocolat !

– Tiens, Maigrelette, grignote cela sur le chemin de l'école, sois gentille.

La petite fille continua son chemin sans se retourner, sa maman poussa un gros soupir.

Or, le vent se promenait par là, c'était un beau matin de printemps, un peu frais mais bien ensoleillé. Le vent est un farceur mais il a bon cœur, et la mine toute triste de la maman de Maigrelette lui fit de la peine.

– Cette petite fille mérite une leçon; et, si je n'interviens pas, elle va tomber malade. Une bonne action et une bonne farce, voilà qui va me mettre de bonne humeur pour la journée.

Et le vent se mit à rire doucement, et puis de plus en plus fort, mais le rire du vent c'est un grand courant d'air coquin. Il retroussa la jupe rose de Maigrelette, la gonfla comme une jolie corolle et, vraiment, c'était ravissant, cette petite fille qui flottait à quelques centimètres du sol.

Maigrelette, de surprise, en perdit son cartable et aussitôt s'envola, si légère sans ses livres et ses cahiers ! Cela faisait bien rire le vent de la voir pédaler dans les branches d'arbres en fleurs.

Maigrelette, furieuse, lançait des coups de pied dans l'air, mais cela ne la ramenait pas sur terre. Ses coups désordonnés frappaient les branches des cerisiers du Japon et provoquaient une splendide pluie de pétales roses. Ils attiraient l'attention des oiseaux, curieux de voir cette petite fille volante.

À force de rire, le vent en avait mal aux côtes, il se mit à tousser... et Maigrelette fut prise dans une bourrasque qui la projeta encore plus haut, au-dessus des toits des maisons !

– Au secours ! Au secours !
Je veux descendre.

« Ah ! Je suis plus légère qu'une feuille, pensait-elle, voilà le problème. »

Le vent cependant se calmait, il s'essoufflait, et puis il n'est pas méchant ; il arrêta doucement de souffler. Maigrelette passait au-dessus d'un toit, il l'y posa délicatement d'abord sur le faîte et puis, pfft ! d'un petit coup de brise, la fit glisser sur les tuiles, et hop ! elle tomba dans un pommier.
« Ouf, pensa Maigrelette, je vais pouvoir descendre, mais d'abord je croque une pomme ! »
Le vent la surveillait et, une fois la pomme avalée, d'un léger souffle la fit tomber dans les fraisiers.
« Ah ! se dit-elle, me voilà enfin à terre. » Et elle commença à s'empiffrer de fraises.
– C'est délicieux, je crois que j'en prendrai comme dessert à midi.
Et si Maigrelette ne se vanta jamais de cette aventure, elle ne rata plus jamais un repas.

Crête Rouge

Daniel Verzwymelen

Armand, le fermier, est un vieil homme heureux. Il est très fier des animaux de sa ferme. Il les nourrit et les soigne avec beaucoup d'amour. Sa basse-cour est, dit-on dans le village, la plus belle de la région. Poules, canards, dindes et pintades ont le plumage tellement brillant que le soleil s'y reflète comme dans un miroir.

Chaque soir, lorsque l'obscurité a tout enveloppé dans son sombre manteau et que tous les animaux de la basse-cour sont rentrés, Armand vient fermer la porte du poulailler. Il faut dire que la forêt n'est pas loin et que, la nuit, Futé le renard rôde, cherchant de quoi agrémenter le repas de sa petite famille... Et un tendre poulet n'est pas pour lui déplaire.

Folette, une jeune et jolie poulette, un peu écervelée, ne risque d'ailleurs plus de l'oublier. Un soir, alors qu'elle avait folâtré plus que de coutume à la recherche d'un dernier ver imprudent, Folette avait trouvé la porte du poulailler fermée. Et la nuit était tombée, l'entraînant dans une aventure épouvantable. Elle porte d'ailleurs dans son superbe plumage fauve une tache un peu plus claire, là où la terrible mâchoire du renard s'était refermée, lui arrachant une touffe de plumes. Chaque fois qu'elle y pense, son cœur se met à battre très vite.

Elle se revoit, courant en battant des ailes, poursuivie par le renard dont elle sentait l'haleine chaude le long de son cou. Elle n'avait dû son salut qu'au vieux saule pleureur de la cour qui l'avait accueillie dans ses branches pour des heures d'angoisse et de pleurs. Depuis cette terrible nuit, elle est toujours la première à rentrer le soir, dans le poulailler. Le fermier aurait donc pu dormir tranquille.

Dès que le soleil allait se coucher, tous les animaux de la basse-cour rentraient sagement s'installer sur les perchoirs du poulailler.
Tous ? Enfin presque.
En effet, Crête Rouge, le coq, baptisé ainsi à cause de sa splendide crête rouge vif qu'il porte comme un képi de général, faisait des caprices depuis quelques jours.
Le soir, il s'attardait dans la cour et Armand, le vieux fermier, devait attendre patiemment que Crête Rouge se décide à rentrer.
« Ne suis-je pas le roi de la basse-cour ? Un roi fait ce qui lui plaît ! », semblait-il dire dans ses bruyants cocoricos.
Armand avait tout essayé...
La douceur comme les menaces... Rien ne changeait. Crête Rouge n'en faisait qu'à sa tête.

Un soir de pluie, le vieil homme en eut assez.
– Tu ne veux pas rentrer, Crête Rouge ? Eh bien, tu resteras dehors ! Tant pis pour toi !
Et Armand avait fermé la porte du poulailler.

Et voilà Crête Rouge seul dans la cour, gonflant fièrement la poitrine. C'est à peine s'il sent la pluie lui mouiller les plumes.
Que peut bien craindre un coq aussi beau, aussi fort, aussi malin que lui... La pluie se fait plus forte, la nuit plus noire... Et tout à coup... GRRRING... La barrière de la cour vient de grincer comme lorsque Tarzan, le chien de la maison, la pousse en revenant de sa promenade. Cet énorme bouvier des Flandres, pas très commode, peut vraiment tout se permettre... Mais Tarzan, il y a belle lurette qu'il est rentré... Il doit être vautré devant la cheminée, ce gros paresseux... Mais alors...
À qui sont ces deux yeux qui brillent tout à coup dans le noir?...
Pour la première fois de sa vie, Crête Rouge a peur.

Déjà, il commence à regretter de ne pas avoir écouté Armand, le vieux fermier... S'il avait obéi, il serait à cette heure-ci bien au chaud, au milieu de ses poules, en train d'écouter les potins de la journée...
Au lieu de cela, le voilà trempé, cherchant un endroit où se cacher...

« Tiens ! On dirait que les deux yeux brillants se sont rapprochés », pense-t-il. Et par moments, il lui semble voir étinceler, à la lueur de la lampe de la cour, deux rangées de perles blanches...
Des perles... Ou des dents ! Serait-ce...
Oui, c'est Futé, le terrible renard, la terreur des poulaillers !
Il est là, bien planté sur ses pattes, humant l'air, le regard allumé...
« Cette fois, c'en est fini pour moi, se dit tout bas le pauvre Crête Rouge. Et dire que je me suis moqué de la petite Folette, lorsqu'elle m'a raconté son aventure avec le renard... Cette fois, je suis perdu. »

En effet, Futé l'a aperçu et se prépare à bondir. Crête Rouge se met à courir de toutes ses forces, le renard à ses trousses...

Un mètre seulement les sépare. Crête Rouge n'en peut plus. En tournant légèrement la tête vers l'arrière, il aperçoit, grande ouverte, la mâchoire du renard. Épuisé, Crête Rouge s'apprête à subir la loi du plus fort… et s'imagine déjà dans la gueule du renard.

Dans une sorte de brouillard, il aperçoit vaguement, entre la descente de la gouttière et le mur ébréché de l'étable, un espace mince dans lequel, toutefois, il parvient à se glisser. Le cœur de Crête Rouge bat à tout rompre.

Futé s'est arrêté net et tente vainement d'entrer le museau dans cette cachette improvisée. N'y parvenant pas, il erre dans la cour, faisant mine de s'en aller… Mais chaque fois il revient, réveillant les peurs du pauvre Crête Rouge.

Les premières lueurs du jour chassent heureusement Futé vers sa tanière…

Épuisé, trempé, Crête Rouge s'endort enfin…

Et c'est une pauvre petite boule de plumes toutes mouillées que le fermier découvre au petit matin.

– Alors, Crête Rouge, lui dit-il avec compassion, tu as l'air d'avoir passé une bien mauvaise nuit.

Saisissant la pauvre petite bête dans ses deux grosses mains calleuses, le fermier l'emporte dans l'étable où il l'installe entre deux bottes de paille. Deux bonnes heures plus tard, Crête Rouge sort dans la cour baignée de soleil, la tête haute, le regard éclatant...

Les animaux de la basse-cour l'entourent immédiatement...
Et Crête Rouge passe la matinée à raconter son aventure, dans laquelle, dit-il, il s'est montré bien plus malin que le renard.
Il oublie, bien entendu, de parler de ses frayeurs. Il est vrai que les coqs ont une si petite tête...

Dans la basse-cour, ce ne sont que soupirs et cris d'admiration.
Certaines poulettes vont même jusqu'à certifier que Crête Rouge passerait volontiers une autre nuit dehors.
Étrange... Car depuis, lorsque la nuit tombe, c'est Crête Rouge qui, le premier, s'installe sur son perchoir du haut duquel il invite le reste de la basse-cour à venir se coucher...

Le géant qui ne voulait plus être géant

Marc Van Laere

Il y a bien longtemps, près d'un joli petit village, vivait, dans la montagne proche, un géant. C'était un vrai géant, qui même pour un géant, était très, très grand. Mais contrairement à beaucoup de géants, celui-ci était un brave homme. En un mot, c'était un gentil géant, qui adorait les enfants.

Malheureusement, ceux-ci avaient très peur de lui. Lorsque l'un d'entre eux avait fait une grosse bêtise, ou qu'un petit garçon ou une petite fille était désobéissant, ses parents le menaçaient :

– Si tu n'es pas sage, le géant va venir te prendre !

Ce qui fait que la peur du géant les rendait doux. Mais cela faisait un brave géant bien malheureux.

De temps en temps, il quittait son château dans la montagne et descendait au village, les poches remplies de bonbons. Arrivé près des premières maisons, il appelait :
– Les enfants, c'est moi, votre ami le géant. Venez donc me dire bonjour.
Mais dès qu'ils entendaient sa grosse voix, les enfants couraient se cacher dans leur maison, et les parents fermaient portes et volets. Les rues se vidaient et la ville était comme morte. Le géant, tout chagriné parce que personne ne voulait de lui, regagnait alors tristement son château dans la montagne.
Un jour cependant, il décida que cela ne pouvait plus durer. Il devait quand même bien exister un moyen pour ne plus effrayer les enfants…
Oui, mais lequel ?
Il lui vint alors une idée : il fallait qu'il devienne un petit géant, un tout petit géant… En fait, il fallait qu'il puisse retrouver une taille normale, comme tous les gens qu'il apercevait de loin. Les enfants alors ne fuiraient plus à son approche, et il pourrait enfin jouer avec eux et leur donner des bonbons.
« Voilà, se dit-il, ce qu'il faut que je fasse ! »
Mais cela était plus facile à dire qu'à faire…
C'est alors qu'il se souvint d'une vieille sorcière qui vivait dans la forêt, à trois jours de marche. Si quelqu'un pouvait l'aider, c'était elle.

Il se mit aussitôt en route. Longtemps, il marcha, par monts et par vaux. Il traversa des rivières, se fraya un chemin à travers des bois impénétrables...

Mais rien n'aurait pu l'empêcher de continuer son chemin : il voulait devenir petit !

Le troisième jour il atteignit enfin la clairière où, disait-on, demeurait la sorcière.

Il y avait là, en effet, une misérable cabane.

Mais lorsque le géant se mit à appeler : « Madame la sorcière... ho ! ho... », personne ne répondit... Le silence autour de lui était total. Lorsque le géant se pencha très fort pour regarder à l'intérieur de la masure, il constata que celle-ci était vide !

C'est que, entendant approcher le géant qui faisait trembler la terre à chaque pas, la sorcière avait pris peur et s'était enfuie au plus profond de la forêt.

– Madame la sorcière, reprit notre géant de sa plus forte voix, je ne vous veux aucun mal. J'aimerais seulement que vous m'aidiez à avoir une taille normale pour que les enfants n'aient plus peur de moi.

À ces mots, la sorcière sortit prudemment du bois. Elle regarda longuement le géant, trouva qu'il avait une bonne tête et lui dit :

– Écoute. Je vais essayer de t'aider. Attends ici pendant que je cherche dans mes grimoires la formule qui te permettra de rapetisser.

Et sur ces mots, elle disparut dans son antre.

Le géant reprit espoir. Il allait enfin avoir une taille normale. Il s'installa le plus confortablement possible sur la mousse et attendit patiemment le retour de la sorcière.
Pendant ce temps, celle-ci avait mélangé dans un grand chaudron noir toutes sortes d'herbes et d'autres ingrédients mystérieux, qu'elle avait fait bouillir afin de préparer une potion magique, qui avait pour effet de rendre les gens petits.

Elle marmonna une formule cabalistique connue d'elle seule, puis elle sortit de sa cabane en disant :

– Voilà. Cela devrait marcher. Bois cette potion, et tout s'arrangera.

Hélas, il y avait un problème... Le géant étant très, très grand, et la sorcière toute petite, celle-ci n'arrivait pas à le faire boire ! Elle alla donc chercher une grande échelle, et prenant garde de ne pas renverser la potion, monta péniblement, barreau après barreau, jusqu'à hauteur de la tête de notre géant.

– Ouvre grand la bouche, lui intima-t-elle, et bois ceci d'un seul coup.

Le géant avala la potion.

Et à l'instant même il se sentit devenir petit, plus petit, encore plus petit... Et même tellement petit que l'échelle se mit à osciller, à pencher et à s'abattre dans un grand fracas de bois brisé ! Et la sorcière se retrouva étalée de tout son long dans les buissons ! Non seulement, notre pauvre géant n'était plus un géant, mais il avait diminué tant et tant qu'il avait maintenant à peine la taille d'un nain !

Que s'était-il passé ? Tout simplement ceci : la sorcière, voulant faire bonne mesure vu la taille du géant, s'était trompée dans ses quantités et avait exagéré les doses ! Mais ceci ne faisait pas l'affaire de notre géant... Ou faut-il dire : de notre nain ?

– Madame la sorcière, s'exclama-t-il, je vous conseille vivement de préparer un remède, pour que je puisse retrouver une taille convenable. Et ce sans plus tarder. Compris ?

La sorcière, toute courbaturée par sa chute, se mit alors à rechercher dans ses parchemins une formule pour faire grandir. L'ayant enfin trouvée et ayant rapidement préparé une nouvelle mixture, elle l'administra à notre ami. Mais, troublée par sa chute et effrayée par le géant, une fois de plus elle se trompa. Le géant se remit à grandir. Pas autant qu'auparavant, mais il se retrouva à nouveau beaucoup trop grand !

Notre géant prit alors lui-même les choses en main. Mélangeant les deux potions magiques, celle qui fait devenir petit et celle qui fait grandir, il se prépara le remède idéal. Et l'ayant vidé d'un seul trait… glou, glou, glou… il vit tout joyeux qu'il avait enfin atteint une taille normale et qu'il était devenu comme tout le monde.

Après avoir remercié la sorcière, bien contente d'être enfin débarrassée de cet encombrant personnage, notre ami se hâta de regagner son château.

Cependant, arrivé chez lui, il se trouva confronté à une nouvelle difficulté. Impossible d'introduire sa clé dans la serrure de la grande porte du château : celle-ci était maintenant hors d'atteinte ! Il put heureusement entrer par la chatière.

Vite, il se remplit les poches de bonbons et descendit à toutes jambes la route qui menait au village.

Qu'il était joyeux ! Car maintenant les enfants ne s'enfuiraient plus à sa vue.

Lorsqu'il arriva à hauteur des premières maisons, il n'en crut pas ses oreilles ni ses yeux : les villageois qu'il croisait, loin de fuir, lui souhaitaient gentiment le bonjour, ou passaient près de lui sans lui prêter attention ! Il était donc vraiment devenu pareil aux autres gens !

Quand il eut réuni autour de lui une bande d'enfants, à qui il distribuait ses bonbons, aucun ne voulut d'abord croire qu'il était ce géant devant lequel ils avaient tant tremblé... Finalement, ils le reconnurent à ses vêtements et à sa voix.

Et depuis ce jour, notre «géant» descend bien souvent au village, où il est toujours entouré de toute une ribambelle d'enfants dont il est le grand ami.

Pourquoi la sole est un poisson plat !

Françoise Bobe

Il y a de cela bien longtemps, vivait dans l'océan un tout petit poisson qui posait toujours des questions :

«Existe-t-il autre chose que la mer et les poissons ? Il est grand comment, l'océan ? D'où vient-elle, toute cette eau ?»

Les autres poissons étaient bien embarrassés pour lui répondre. Mais, un jour, il rencontra un poisson savant :

– L'océan est IMMENSE ! lui dit-il. Mais il existe des rivières et des ruisseaux d'où l'on peut voir les deux bords à la fois ! Dans l'océan, on n'a jamais vu ça… L'eau vient du ciel et de la terre aussi : de la source. C'est un endroit merveilleux : l'eau sort du sol comme un sanglot.

Depuis ce jour-là, le petit poisson n'eut plus qu'une seule idée en tête : aller à la source. Les autres se moquaient de lui :
– Tu es fou. Tu n'y arriveras jamais. L'eau douce est si fade que tu en mourras.

Mais rien n'arrêta le petit poisson curieux. Il nagea longtemps, longtemps dans l'océan.
Le voyage fut si long qu'au fil des jours il avait grandi. Il était même devenu plutôt dodu !
Finalement, le paysage changea peu à peu. Un jour, il demanda son chemin aux poissons qui passaient :
– Suis-nous ! répondirent-ils.
Il venait de s'adresser aux saumons. Eux connaissaient bien le chemin. Ils remontaient la rivière chaque année.
Nager à contre-courant n'était pas chose facile. Il fallait lutter contre la force de l'eau. Il faillit suffoquer plusieurs fois. Heureusement, les saumons lui firent une petite place dans l'ascenseur à poissons. Mais il n'était pas encore arrivé ! Il pensait en faisant des bulles :
« C'est vrai qu'ici l'eau est bien fade ! Peu importe, j'approche du but. »

Soudain, il bondit de joie. Il venait de voir les deux berges à la fois.

« Le poisson savant avait raison ! se dit-il. »

Puis il interrogea une truite :

– Qu'est-ce qu'il y a, là-bas, sur le bord ?

Elle lui fit les gros yeux.

– Attention ! C'est un pêcheur. Gare à son hameçon ! S'il te prend, tu ne verras pas la source.

Le petit poisson fit un détour et poursuivit son chemin.

Au fur et à mesure qu'il approchait, il y avait moins d'eau et le ruisseau devenait étroit. Et bientôt, son ventre frottait sur les cailloux.

– Zut ! fit-il. Je suis pourtant presque arrivé !

Alors, le petit poisson rentra le ventre, s'étira, s'allongea, s'étala autant qu'il put. Il resta même plusieurs jours sans manger. Il ne pensait plus qu'à s'aplatir.

C'est ainsi que le petit poisson plutôt dodu devint… tout plat ! Enfin, il atteignit cet endroit merveilleux où l'eau sort de la terre comme un sanglot. Il écouta longuement le chuchotement de la source. Puis, content, il fit demi-tour vers l'océan.

Par la suite, quoi qu'il mangeât, ce poisson-là garda la forme qu'il a encore aujourd'hui.

On dit que c'est depuis cette histoire que la sole est un poisson plat !

Pom-Pom guérit ses amis les animaux

Marc Van Laere

– Aïe ! Ouille, ouille, ouille !
j'ai mal, aïe !
Voilà ce qu'entendit Pom-Pom, un jour où il travaillait dans le bois derrière sa petite cabane.
« Mais que se passe-t-il ? se dit-il. Il faut que j'aille voir qui gémit ainsi. » Il fait le tour de sa maisonnette et il aperçoit, perché sur une fleur, un magnifique papillon de ses amis.
– Eh bien, papillon, que se passe-t-il ? lui demande Pom-Pom.
– Oh ! Pom-Pom, répond le papillon, peut-être pourras-tu m'aider. Je souffre. J'ai si mal. Je crois bien que je me suis cassé une aile.

Pom-Pom, qui s'y connaît un peu en médecine, lui dit :
– Montre-moi où cela te fait mal, je verrai ce que je peux faire.
Il examine le papillon et constate qu'en effet l'aile est cassée... et il est évident que l'on souffre beaucoup lorsqu'on a l'aile cassée.
– Bien, dit Pom-Pom, je vais arranger cela.
Il retourne chez lui, choisit quelques herbes et quelques plantes, écrase le tout dans un mortier, en fait une pâte et revient ensuite près de son ami le papillon.

Ce que tu ne sais peut-être pas, c'est que Pom-Pom, qui vit dans la nature, connaît bien les plantes et les herbes sauvages... Il sait lesquelles utiliser lorsqu'on est malade ou blessé... Et c'est ainsi qu'il peut aider et soulager ses amis qui viennent le voir.

– Papillon, dit Pom-Pom. Ne bouge pas. Je vais t'arranger cela. Pom-Pom enduit l'aile cassée de sa pommade, fixe l'aile grâce à deux petites brindilles pour l'immobiliser et dit au papillon :

– Voilà, maintenant ne bouge plus pendant deux à trois jours, et ton aile sera complètement guérie. Alors tu pourras à nouveau voler comme avant ton accident.

Le papillon était soulagé et ne souffrait presque plus. Il se sentait bien. Il remercia Pom-Pom et repartit à pied, parce qu'il ne pouvait pas encore voler.

Ce faisant, notre papillon sur son chemin rencontre le sanglier. Le sanglier gémissait :

– Je me suis aventuré dans un buisson plein d'épines. Et il m'en est resté une, fichée en plein dans le groin. Ça me fait un mal d'enfer et je ne parviens pas à l'arracher.

– Ah ! dit le papillon au sanglier. Va donc voir Pom-Pom, il est formidable. Il peut t'aider. Et tu verras, il te guérira en un rien de temps.

Le sanglier, en gémissant, se rend chez Pom-Pom, qui lui dit :

– Ah ! je vois ce que c'est, couche-toi là. Je reviens dans un instant.

Pom-Pom choisit des herbes, les fait bouillir dans une marmite avec un peu d'eau de l'étang, en fait une bonne pommade, prend une petite pince et revient près du sanglier. Il s'approche, examine le groin du sanglier, arrache l'épine. Que cela fait du bien ! Le sanglier ne sent presque plus rien.

– Voici ma pommade, lui dit Pom-Pom. Mets-en un peu chaque matin là où tu étais blessé. Tu verras, dans quelques jours, tu seras complètement guéri et tu pourras à nouveau fouiller la terre pour y chercher des graines, des pommes de terre et de bons vers bien gras. Le sanglier, tout heureux, remercie chaleureusement Pom-Pom et s'en retourne dans la forêt.

Mais en chemin, il rencontre le mille-pattes. Celui-ci semble souffrir énormément et ne peut presque plus marcher.

– Que se passe-t-il ? lui demande le sanglier. Que t'est-il donc arrivé ?

Le mille-pattes lui répond :

– J'ai marché sur une grosse touffe d'orties, ça me brûle et ça me pique. J'ai au moins cinq cents pattes qui me font un mal de chien.

– Oh ! là, là ! lui dit le sanglier. Il n'y a qu'une seule chose à faire : va voir Pom-Pom. C'est un vrai magicien. Il m'a guéri. Il a guéri le papillon. Si quelqu'un peut te soulager, ce sera lui. Aussitôt dit, aussitôt fait. Le mille-pattes se traîne sur ses autres cinq cents pattes et s'en va voir Pom-Pom.

–Oh là ! lui dit Pom-Pom. Que s'est-il passé ?
–Eh bien voilà, répond le mille-pattes. J'ai marché dans des orties. Et ça brûle. C'est insupportable. Vite, fais quelque chose pour soulager la douleur.
–Couche-toi sur le côté. Je vais t'arranger ça, lui répond Pom-Pom.
Il rentre dans sa maison, choisit quelques herbes connues de lui seul. Il y ajoute un peu de salive, mélange bien le tout, jusqu'à ce qu'il obtienne une pommade bien lisse. Il revient près du mille-pattes qui souffre toujours le martyre.
–Attention, dit Pom-Pom, ne bouge plus. Je vais t'enduire les pattes de ma pommade. Tu verras, dans quelques minutes, la douleur disparaîtra.
Et miracle : en effet, un petit peu plus tard, le mille-pattes se sent complètement guéri. Heureux, il remercie Pom-Pom et le voilà parti de toute la vitesse de ses mille pattes ! Et je t'assure que sur mille pattes, on court vite... Pom-Pom, après cette rude journée, se dit qu'il a bien travaillé et décide qu'il a mérité une bonne sieste. Alors, il se couche dans l'herbe tendre, ferme les yeux et s'assoupit aussitôt. Et ses amis les animaux de la forêt, tout autour de lui, disent :

–Chut ! Ne faisons pas de bruit, notre ami Pom-Pom se repose.

La vieille et le chat Murat

Héloïse

Il y a fort longtemps, au royaume du Pays d'Autrefois, vivait dans une masure au fond de la forêt une vieille femme, usée, voûtée, ridée. Elle était très pauvre et transportait des fagots de bois sur son dos tout le jour, pour se chauffer l'hiver. Elle vivait seule avec son chat angora qui répondait au nom de Murat. Celui-ci était très beau, orgueilleux et paresseux. Il passait son temps à se prélasser devant les feux de cheminée que la vieille allumait. Il ne chassait pas, il ne courait pas et ne ronronnait jamais, au grand désespoir de sa maîtresse.

Elle avait beau le caresser, le chauffer, le nourrir, lui donner son plus beau coussin, rien n'y faisait. La vieille vivait pour son chat Murat, elle l'idolâtrait, le chouchoutait. Elle se privait de tout pour le chat Murat. Lui s'en moquait, il trouvait tout cela naturel. Lorsque la vieille ne faisait pas ce qu'il désirait, il se levait, s'étirait et sortait de la masure d'un air méprisant. Alors, la vieille pleurait :

– Je t'en prie, Murat, ne me laisse pas seule, dis-moi ce qui te ferait plaisir et je le ferai.

– Pff ! disait le chat, méprisant.

« Que pourrais-je faire pour que ce chat soit plus heureux ? se disait la vieille. Si j'avais de l'or, je pourrais lui offrir tout ce qu'il y a de plus beau, les mets les plus délicieux, ainsi il serait plus heureux et il ronronnerait. Je suis sûre que cette masure n'est pas assez belle pour lui ! »

Cependant, un jour, la vieille, qui était sortie chercher du bois pour sa cheminée, au plus profond de la forêt, s'écroula, harassée, au pied d'un arbre.

« Je n'en peux plus ! gémissait-elle. C'est trop dur, mes jambes ne me portent plus ! »

La nuit tomba et la vieille, assise au pied de l'arbre, pleurait à chaudes larmes.

« Que va devenir Murat si je ne lui apporte pas de quoi se chauffer ? Lui qui aime tant la chaleur. Je vais peut-être mourir ici… »

Ses larmes tombaient sur les racines de l'arbre lorsque, soudain, elle entendit une voix qui lui disait :

– Arrête de pleurer, la Vieille !

La vieille, éberluée, regarda autour d'elle.

– Qui parle ? demanda la vieille, inquiète de ne voir personne.

– C'est moi, le Charme ! Tu es assise sur mes racines, la Vieille !

– Oh ! Un arbre qui parle ! Je n'ai jamais vu ça ! s'écria la Vieille.

– Oui, je sais, c'est surprenant, mais tu es au cœur de la forêt et ici tout le monde parle ! Je te trouve bien triste, la Vieille !

–Hélas, le Charme, mes jambes ne me portent plus, je suis si vieille, je ne sais pas si je pourrai retourner chez moi et mon chat Murat m'attend.

–Je connais ton histoire, la Vieille. Je t'ai vue passer tant de fois près de moi. J'ai vu aussi ton chat Murat, il est cruel, paresseux, orgueilleux; ici, dans la forêt, tout le monde se méfie de lui. Tu es bien trop gentille avec lui, la Vieille!

–Je l'aime, tout simplement! dit la Vieille.

–Oui, oui, bien sûr! Mais lui, t'aime-t-il? Ce qu'il aime avant tout, c'est le coin chaud près du feu que tu lui offres, les repas que tu lui mijotes. Je suis sûr qu'il ne ronronne même pas lorsque tu le caresses!

–C'est vrai, le Charme, mais comment le sais-tu?

–Je m'en doutais, c'est tout! Il est si égoïste que tout lui est dû ! Oh, bien sûr, il est beau, mais cela ne suffit pas!

–Que pourrais-je faire, le Charme, pour qu'il ronronne? C'est mon souhait le plus cher!

–Oh, tu sais, je ne suis qu'un vieux charme, je n'ai pas beaucoup de conseils à te donner. J'ai vu tant de choses au cours de ma longue vie. Tu trouveras la vérité en toi, c'est tout!

Un hibou perché sur une des branches du charme avait tout entendu et se mêla à la conversation.

–Le Charme a raison, la Vieille. Ton Murat n'est pas un bon chat! Il reçoit, mais ne donne pas! Cela n'est pas juste, il ne te mérite pas! Je l'ai vu agir tant de fois avec les oiseaux et les mulots, il est cruel!

– Oh ! s'exclama la Vieille.
Je suis bien triste pour tout ce que vous me dites. Mais que puis-je faire pour qu'il ronronne ? Peut-être que si j'étais plus riche il serait plus heureux !

– S'il ne t'aime pas, la Vieille, il ne ronronnera jamais et l'amour ne s'achète pas !
On aime ou on n'aime pas ! dit le Hibou.

Cette conversation réveilla la Chouette, elle donna son opinion :

– À mon avis, la Vieille, tu le gâtes trop ! Laisse-le dehors un peu plus souvent pour qu'il apprécie le coin de la cheminée et les repas ! Tu verras, il sera si content de rentrer au chaud qu'il se mettra à ronronner !

– Vous avez peut-être raison ! dit la Vieille. Mais pour le moment, je suis bien incapable de me traîner jusque chez moi, tant je suis fatiguée !

– Écoute, dit le Hibou. Je connais un endroit où tu pourrais te reposer cette nuit et reprendre des forces; suis-moi, ce n'est pas loin.
La Vieille remercia le Charme et la Chouette et se leva péniblement pour suivre le Hibou. Il la conduisit jusqu'à un abri naturel, fait de branches et de feuilles bien touffues. Au sol, un tapis de mousse tendre accueillit le corps épuisé de la Vieille.

– Ne t'inquiète pas, la Vieille ! Nous allons veiller sur toi ! Bonne nuit !
La Vieille, rassurée, remercia le Hibou et s'endormit aussitôt.
Le lendemain, elle fut réveillée par des petits cris. Elle découvrit, blotti tout contre elle, un adorable chaton sauvage.

– Oh, que tu es joli ! s'exclama la Vieille, et elle le caressa.
Celui-ci s'arrêta instantanément, rassuré, il se mit à ronronner de plaisir.
La Vieille fut si heureuse d'entendre les ronronnements du chaton qu'elle décida de l'adopter.

– Tu es un gentil chaton, je vais t'appeler Léon ! Tu vas venir chez moi, tu verras, tu ne seras pas malheureux.
Ce qui fut dit fut fait.

Léon le chaton marcha sur les talons de la Vieille jusqu'à sa masure. En arrivant chez elle, elle appela : « Murat ! Murat ! » Mais celui-ci ne vint pas. Pour la première fois, la Vieille ne pleura pas. Elle s'occupa de Léon et l'installa devant la cheminée. Aussitôt, Léon le chaton se mit à ronronner de plaisir sous les yeux émerveillés de la Vieille. Le soir même, le chat Murat vint gratter à la porte. La Vieille vint lui ouvrir :

– Ah, enfin Murat ! Où étais-tu passé ?

Le chat orgueilleux passa d'un air hautain devant la Vieille et se dirigea vers son coussin favori placé devant la cheminée. À sa grande surprise, celui-ci était occupé par une horrible petite boule de poils. Il se fâcha, se hérissa et feula méchamment. Le chaton prit peur et courut se cacher dans les jupes de la Vieille.

– Assez, Murat ! Cela suffit ! se fâcha la Vieille.

Le chat Murat regarda d'un œil mauvais Léon le chaton et, toutes griffes dehors, il s'apprêtait à prendre le coussin sauvagement, lorsque la Vieille intervint :

– Non, Murat ! c'est fini ! À présent, tu dormiras sur un autre coussin ! C'est cela ou rien !

Le chat, stupéfait, regarda la Vieille, incrédule. Quoi, c'était cet horrible chaton qui avait volé sa place ! À cause de lui, la Vieille ne l'aimait plus !

Le chat Murat, tout penaud, réalisa qu'il ne faisait plus la loi dans son logis et s'installa sur le second coussin qui était moins bien placé et se roula en boule, en pensant qu'il avait été bien sot de ne jamais montrer son attachement à la vieille. À présent, il ne voulait pas perdre son affection. Il n'allait pas laisser Léon le chaton prendre sa place dans le cœur de la vieille.

Celle-ci s'assit sur l'unique chaise entre Murat et Léon et soudain on entendit dans la pièce un ronronnement si beau, si fort que la Vieille en fut bouleversée.

Le chat Murat ronronnait enfin ! Il l'aimait donc ! Elle n'avait pas eu besoin d'or comme elle le pensait. Le Hibou avait raison, l'amour ne s'achetait pas ! Ainsi, la Vieille et ses deux chats vécurent heureux en harmonie, jusqu'à la fin de leurs jours.

Renardeau

Françoise Bobe

Renardeau, dans sa tanière, a un peu faim. Il sort de chez lui. Dehors, la neige a tout recouvert. Lui aussi a mis son habit d'hiver. Même tout blanc dans la neige, on t'a reconnu, Renardeau, avec ton petit museau pointu et tes yeux malins soulignés de brun !

La neige est fine, moelleuse. Il a envie de jouer, courir, sauter. Il s'amuse à donner des coups de patte pour la faire voler autour de lui. Il s'y roule de plaisir et oublie sa faim. Lorsqu'il se redresse, il a chaud dans sa fourrure. Il croque un peu de neige pour se désaltérer. C'est alors qu'il voit des traces qu'il ne connaît pas.

Il s'approche, flaire le sol. Il enfonce une patte dans la neige pour comparer les traces.

« Qu'elles sont larges !... À qui appartiennent-elles ? Qui a bien pu passer par ici ?... Pour le savoir, je n'ai qu'à suivre le même chemin ! », se dit Renardeau, malin.

Il se met en route. Il marche longtemps à côté des empreintes mystérieuses. Puis soudain... plus rien ! Il regarde le ciel. Envolées !
Non, Renardeau est au bord d'un lac gelé où l'on ne voit plus les pas inconnus.
« Si je vais tout droit, je les retrouverai certainement de l'autre côté ! », pense Renardeau, futé.

Il poursuit son chemin. Mais voilà qu'au beau milieu du lac gelé, il s'arrête. Son cœur cogne.
Il a l'impression qu'il cogne jusque dans sa tête : « Et si la glace craquait ? » Un long frisson lui parcourt l'échine.
« Non, non ! », se répète-t-il en fermant les yeux. Il reprend son souffle.

Il repart sur la pointe des pattes pour se faire plus léger. Si léger que jamais la glace ne pourra se briser ! Et... il arrive de l'autre côté. Là, en effet, il retrouve les traces dans la neige.
Il oublie sa peur et poursuit sa route.

Dans la grande plaine qu'il traverse maintenant, il s'étonne que les traces larges ici soient si petites là-bas, à l'horizon. Il s'assied un moment et réfléchit.
« Qui a pu faire un si long voyage ?... Pour aller où ? »
Renardeau ne se décourage pas. Il finira par savoir et repart d'un bon pas.

Lorsque les traces le conduisent à nouveau dans la forêt, il se demande si elles ne le ramènent pas vers sa tanière. Il est presque en colère. Ses moustaches ne font qu'un tour au bout de son museau pointu. «J'ai fait tout ce chemin pour me retrouver devant chez moi ? !»

Il respire profondément, retrouve son calme et rentre chez lui. Il oublie sa colère. Il y a là un paquet rouge et vert ! Il écarquille ses yeux malins soulignés de brun, pour mieux voir les lettres d'argent tracées sur le ruban. Il lit à haute voix :

–Joyeux Noël !

Alors il comprend qu'il a suivi les traces de pas du père Noël. Il ne savait pas que les renardeaux recevaient eux aussi, ce jour-là, un petit cadeau !

Un étrange cadeau de Noël

Françoise Le Gloahec

Dans la rue sombre d'une petite ville, un enfant marchait, un bonnet enfoncé jusqu'aux yeux. Il ne parlait pas. Mais que faisait-il dehors par un froid pareil ? Il aurait dû dormir bien au chaud dans son lit. Mais pour rêver douillettement sous la couette, il faut avoir une maison. Depuis ce matin, Julien et François, son père, n'avaient plus de maison car, depuis longtemps, François n'avait plus de travail.

Pourtant le garçon n'était pas malheureux : il pensait qu'un jour, une bonne nouvelle changerait leur vie. Mais ce soir, François devait trouver un endroit où passer la nuit ! Ils s'arrêtèrent devant une grande maison inhabitée, aux volets fermés. François se décida : « Tant pis. Il fait trop froid. Julien va tomber malade. Entrons ! » Vite, ils coururent vers l'arrière de l'habitation. À tâtons, François crocheta la serrure de la petite porte.

Julien grelottait de peur, de froid, de honte un peu aussi. À huit ans, on sait reconnaître le bien du mal !

Il devinait que son père voulait le mettre à l'abri. Mais il savait aussi qu'ils étaient chez quelqu'un sans son autorisation.
François découvrit des provisions dans la cuisine :
– Approche-toi, mon grand. Je vais faire à manger.
Le repas, la chaleur des radiateurs allumés par son père eurent raison des forces de Julien.

– Allons voir à l'étage où nous pouvons dormir. Ne t'inquiète pas. Nous n'abîmerons rien et ferons le ménage avant de partir. Repose-toi tranquillement.
Le garçon s'endormit aussitôt. François s'assit dans le canapé du salon et... s'assoupit.

Des bousculades et des rires, puis un cri de surprise le tirèrent brusquement de ses rêves.
Il faisait grand jour. François comprit alors qu'une famille venait d'entrer dans la maison.
– Que faites-vous chez moi ? demanda un homme au manteau couvert de neige.
– Mais qui vous a permis de vous installer ici ? ajouta une dame.
– Euh !... Excusez-moi. Il faisait si froid cette nuit...
– Mais ce n'est pas une raison ! J'appelle la police !
– Non, je vous en prie. Ne faites pas cela !
À cet instant surgit Julien, réveillé par les cris.
– Vite, Julien ! Partons ! dit François au moment où une petite fille s'approchait d'eux en souriant au garçon.
– Je m'appelle Caroline, et toi ? Tu viens ? Je vais te montrer mes jouets.
Julien regarda son père. C'est l'homme au manteau qui prit la parole :
– Eh bien, les enfants sont plus raisonnables que nous. Asseyons-nous et parlons.

François raconta sa vie, sa malchance. La maman de Caroline, très émue, proposa :
– La maison est grande. Vous pourriez passer Noël avec nous. Vous nous aiderez à décorer le sapin, à préparer le réveillon. Nous attendons des parents.
– Mais, c'est que... bégaya François, surpris, je ne veux pas vous déranger.
– C'est Noël pour tout le monde. Dites oui, ajouta le père de Caroline.
– C'est très gentil de votre part. Pour Julien, j'accepte.
Ainsi, ils firent connaissance et devinrent amis. À minuit, Julien découvrit sous le sapin des paquets à son nom. L'un d'eux l'étonna : il était tout plat.
– C'est un cadeau de Caroline. Elle affirme l'avoir demandé directement au père Noël, expliqua la mère de la fillette.
– C'est vrai ! Tu vas être étonné, ajouta Caroline d'un air mystérieux.
Julien défit lentement le beau papier rouge et or. À l'intérieur, il découvrit un puzzle très coloré et sûrement très difficile. Julien sourit à Caroline mais pensa qu'il ne pourrait jamais le reconstituer. Il n'avait pas de maison, donc pas de chambre ni de table pour s'y installer.
Il embrassa la fillette sur les deux joues. La soirée fut gaie et François heureux de voir les enfants jouer près du sapin.

Plus tard, dans la chambre, Julien proposa :
– Si on commençait le puzzle ?
– D'accord, mais il a l'air dur.
– Ouais ! Mais on va d'abord faire le tour. C'est plus facile, sourit Julien.
Le cadre terminé, Caroline dormait à poings fermés. Julien s'attaqua aux minuscules visages du puzzle. Un œil bleu... un petit bout de nez... la bouche... Dès qu'il plaça le deuxième œil, un nuage blanc envahit la chambre. Au centre, un petit personnage vêtu de rouge, au regard semblable à celui d'un bonhomme du puzzle, s'adressa à lui :
– Alors, c'est toi le Julien dont a parlé Caroline ?
– Qui, qui êtes-vous ? De quoi parlez-vous ?
– Je me présente : Sol, Monsieur Sol pour te servir, dit-il en faisant la révérence. Je suis l'un des lutins du père Noël.

–Mais c'est impossible ! Vous ne pouvez pas exister !
–Et pourquoi donc, jeune homme ? Ne sais-tu pas que Noël est un moment magique ?

–Oh moi, vous savez, je n'ai pas trop le temps de penser à ça !
–Eh bien, profite de l'occasion. Je suis ici pour exaucer ton plus cher désir.
–Alors là, je serais surpris que vous y arriviez !
–Allons, fais-moi confiance et raconte.
–Bon… Vous l'aurez voulu. Moi, ce que j'aimerais, c'est que mon père trouve du travail. Ça le rendrait si heureux.
–C'est comme si c'était fait ! Au revoir !

Pschitt ! Le lutin s'évapora. Julien, songeur, n'entendit pas François entrer et sursauta.

–Mon garçon, j'ai une bonne nouvelle ! Le père de Caroline propose de m'employer dans son usine ! C'est formidable, non ?
–Si, si… marmonna Julien, au comble de la surprise.

François rejoignit ses amis au salon. Julien reprit le puzzle, cherchant un autre sourire, une seconde paire d'yeux qui irait avec une jolie bouche. Ça y est ! Aussitôt, un nuage, rouge celui-là, investit la chambre et une figure ronde s'écria :

–Bonjour Julien !
–Comment connais-tu mon nom ? demanda le garçon à la jeune fille vêtue d'une combinaison de velours. Ses cheveux blonds, courts et bouclés donnaient à son visage un air tendre.
–C'est Sol qui m'a parlé de toi. Il t'a trouvé très sympathique.
–Ah ! Mais lui, il est carrément fantastique ! Comment t'appelles-tu ?
–Moi, c'est Ida. Jeune fille lutin aux ordres du père Noël. Que désires-tu à présent ?
–Je ne sais pas. Ah si ! J'aimerais avoir une maison, pas trop grande, avec un jardin.

–Pas de problème ! Contente d'avoir fait ta connaissance. Adieu !

Elle s'évapora comme Monsieur Sol. Julien s'approchait de son père au moment où l'un des invités lui proposait :

–J'ai une vieille maison. Vous pourriez y habiter gratuitement. Personne ne l'utilise depuis longtemps.

Le père de Julien, les larmes aux yeux, dit à Julien dans le couloir :

–As-tu entendu ? Nous allons avoir un logement !

–Génial, papa. Tu vois, je savais qu'un jour on aurait de la chance, dit le garçon en sautant dans les bras de son père.

Julien grimpa quatre à quatre les marches jusqu'à la chambre. Caroline souriait dans son sommeil. Il retourna à son jeu avec une petite idée en tête. Il chercha un œil, vert cette fois, puis l'autre.

« Et la bouche ? Non, pas celle-là. Celle-ci peut-être ? Oui, c'est mieux. »

Il trouva le nez et le plaça délicatement au-dessus du sourire. Dans un nuage, vert bien sûr, un visage rond, encadré de longs cheveux bruns et brillants, lui sourit.

–Alors, Julien ? Tu n'as pas l'air surpris de me voir ?

–Oh, vous savez ! Vous êtes le troisième lutin de la soirée. Je m'habitue, mais je vous trouve belle. C'est quoi votre nom ?

–Marité, mais tout le monde m'appelle Rité. Je sais que tu as déjà rencontré Sol et Ida. C'est à moi de réaliser ton dernier souhait.

–D'accord. On peut essayer, mais je vous préviens : c'est pas cool du tout comme vœu !

–Vas-y, je suis prête !

–Je... j'aimerais, ce serait hypergénial si vous retrouviez ma maman. Mes parents se sont séparés, il y a trois ans. Je ne l'ai jamais revue. Elle me manque beaucoup.

–Je vais voir ce que je peux faire. Au revoir !

Comment Rité allait-elle s'y prendre ?

À trop réfléchir, Julien s'endormit sur le lit jumeau, à côté de Caroline. Lorsqu'il s'éveilla, les invités étaient partis.

Son père et les parents de Caroline avaient terminé le nettoyage de la maison. Ils plaisantaient en buvant un café.
– Alors, c'est d'accord, François. Tu commences lundi, confirma le père de Caroline. Que vas-tu faire aujourd'hui ? Tu as certainement des choses à organiser avant de retravailler.
– Oui. Je vous laisse Julien. Je serai de retour dans la soirée. Merci pour tout.

Le jour de Noël s'écoula paisiblement. Derrière les vitres, Julien guettait : qu'est-ce qui pouvait retenir son père si longtemps ? Au même moment, le carillon le fit sursauter. Il se précipita pour ouvrir sur... sa maman ! Elle était là, devant lui, souriante, aussi belle qu'autrefois.
– Maman, tu es revenue ! Pourquoi est-ce que je ne te voyais plus ?
– Lorsque ton papa a perdu son travail, notre vie est devenue très difficile. Nous nous disputions souvent. J'ai décidé de partir, mais chaque jour, je pensais à vous deux, dit-elle en le prenant dans ses bras.
– Et maintenant ? demanda le garçon en pensant à Rité.
– Maintenant, je l'ai suppliée de revenir vivre avec nous, s'écria François en riant.
Caroline et ses parents applaudirent. Ce fut une tournée d'embrassades et de larmes de joie.
Depuis ce jour de Noël, des années ont passé. Caroline et Julien sont restés les meilleurs amis du monde. Julien vient de fêter ses trente ans. Il est papa à son tour. Mais il a gardé une drôle d'habitude : de temps en temps, il s'enferme seul dans sa chambre, sort un petit paquet au papier rouge et usé et... reconstitue son merveilleux puzzle en souvenir du plus beau Noël de sa vie.

Mystic le pingouin

Marc Van Laere

Une petite fille, une toute petite fille, court le long de la plage... une grande, une très grande plage qui s'étend à perte de vue le long de l'océan.
La plage est bordée d'arbres, de buissons fleuris et de gros rochers.

La petite fille qui marche dans le sable est toute seule, et un peu triste, car elle ne retrouve pas ses parents. Ils étaient là, assis au bord de l'eau... Et puis elle s'est imprudemment éloignée, et maintenant elle ne voit plus personne.
Ah si, quand même... là-bas au loin, sur un rocher qui s'avance dans la mer, elle distingue quelqu'un, une vague silhouette...
Alors elle se hâte... Mais non, ce n'est pas maman, ni papa... ce n'est même pas une personne... On dirait un oiseau.
Il est bizarre cet oiseau ! Il n'a pas d'ailes... Enfin, presque pas... Rien que deux petits bouts ridicules ! Et il se tient debout sur ses deux pattes. C'est pour cela que, de loin, la petite fille l'avait pris pour un être humain.

L'animal, qui est aussi grand que la petite fille,
est noir, avec le ventre gris-blanc,
et un grand bec orange...
Il a l'air bien gentil.

La petite fille s'approche et lui dit :
– Bonjour. Dis-moi, qui es-tu ? Je ne te connais pas.
L'étrange animal lui répond aimablement :
– Je suis un pingouin, et je m'appelle Mystic.
– Je ne t'ai encore jamais vu ici sur la plage, dit la petite fille.
– C'est parce que je viens seulement d'arriver, lui répond le pingouin en se dandinant de façon comique sur ses deux pattes… Je viens de très loin, d'un pays perdu dans les brouillards, où il fait toujours froid, où il n'y a ni arbres ni fleurs… On n'y trouve que des glaces, des ours blancs, des phoques et des pingouins bien entendu… et aussi quelques Esquimaux et le sorcier Akawak.
– Mais comment se fait-il que tu te trouves ici ? interroge la petite fille.
Le pingouin raconte alors :
– Il y a quelques jours, je m'étais un peu éloigné de mes compagnons. Nous sommes nombreux là-bas, tu sais… Lorsque soudain, le grand glaçon sur lequel je m'étais installé s'est détaché de la banquise et m'a emporté loin de la côte, bien vite disparue dans l'épais brouillard… J'ai dérivé ainsi pendant plusieurs jours et plusieurs nuits. Il faisait de moins en moins froid. Mon glaçon s'est mis à fondre et à diminuer dangereusement… Et la nuit dernière, alors que je n'avais presque plus de place pour m'y tenir debout, j'ai heureusement pu accoster sur cette plage.

La petite fille, qui avait écouté le pingouin sans l'interrompre, lui dit :
– Écoute, je vois mes parents là-bas. Il faut que j'aille les rejoindre. Mais si tu veux bien être mon ami, je reviendrai te voir demain, ici même.
– À demain, dit le pingouin.
Quand la petite fille eut rejoint ses parents, ceux-ci lui demandèrent :
– À qui parlais-tu là, près de ce rocher ?
– À un pingouin, répondit-elle. Il s'appelle Mystic et il est mon ami.
Ses parents, qui ne la croyaient évidemment pas, se mirent à rire :
– Un pingouin... rien que ça !

Le lendemain, à la même heure, la petite fille alla retrouver son ami le pingouin... Ils se racontèrent leur vie, parlèrent de leurs amis, de ce qu'ils faisaient et de ce qu'ils aimaient... Cela dura ainsi plusieurs semaines et ils devinrent de plus en plus amis. Jusqu'au jour où le pingouin déclara à la petite fille :
– As-tu remarqué combien les jours raccourcissent ? Il fait de moins en moins chaud... Bientôt ce sera l'hiver. Alors la mer gèlera, et je pourrai retourner chez moi, là-haut dans le pays des glaces.
– Mais je ne veux pas que tu partes, pleura la petite fille, je veux que tu restes toujours avec moi. Tu es mon ami, et je voudrais t'emmener à ma maison.
– Tu sais bien que ce n'est pas possible, répondit Mystic. Les pingouins ne vivent pas dans les maisons des petites filles. Mais ne sois pas triste... Je viens de songer à quelque chose... Dans mon pays, là-bas très loin, chez les Esquimaux, je connais bien le sorcier Akawak. Je suis sûr qu'il pourra nous aider... Allons, cesse de pleurer... Reviens demain, et disons-nous au revoir maintenant.

– Adieu, mon ami, murmura la petite fille, la gorge serrée...
– Non, pas adieu, mais au revoir.

Imaginez-vous la surprise de la petite fille, lorsqu'elle revint le lendemain : à l'endroit où elle retrouvait chaque jour son ami Mystic se tenait un beau pingouin en peluche, aussi beau et aussi vrai que le vrai !
Le sorcier Akawak avait entendu notre pingouin et l'avait transformé afin qu'il puisse rester pour toujours avec la petite fille, son amie !

Depuis lors, Éléonore et Mystic, le pingouin en peluche, ne se quittent plus. Il dort dans sa chambre, et bien souvent, elle le serre dans ses petits bras.
Ils se racontent mille choses et ils s'endorment ensemble dans son petit lit blanc.

Le sablier de Monsieur Temps

Héloïse

Il y a fort longtemps, dans le royaume du Pays d'Autrefois, vivait un très vieil homme qu'on appelait Monsieur Temps. Il passait son temps à agiter son sablier le jour et la nuit, et chacun pouvait voir ainsi le temps passer.
Il travaillait inlassablement, veillant sur le sablier, vérifiant que le sable coulait normalement. Monsieur Temps était là pour retourner le sablier et annoncer à tout le royaume qu'il s'était passé une heure, puis deux, puis trois...

Or, un beau jour, Monsieur Temps, qui était bien vieux, tomba d'épuisement et s'endormit brutalement devant son sablier. Alors, le sable coula, coula, puis il s'arrêta et soudain le temps n'exista plus.

On essaya bien de réveiller Monsieur Temps, mais il était si fatigué qu'il ne se réveilla pas.
Une grande pagaille s'ensuivit. Ludovic le boulanger rata son pain, toute sa fournée brûla, puis une seconde, puis une troisième...

Mathieu, Lucas, Florian se désolèrent d'arriver en retard à l'école. Christophe, le maître d'école, était complètement désorienté devant sa classe désorganisée. Lui-même ne savait plus si une heure était passée, ou deux, ou trois...
Quant aux mamans, Jessica, Claire et Catherine, elles ne savaient plus quand aller chercher leurs enfants à l'école, ni quand préparer les repas.
On chuchotait partout :
– Le temps s'est arrêté ! Le temps s'est arrêté ! Quelle catastrophe ! Monsieur Temps s'est endormi !

Le roi Gentil fut lui-même dérangé par l'absence du temps; il convoqua tous les Grands du royaume sur-le-champ et leur tint ce langage :
– Mes loyaux sujets, comme vous le savez, notre précieux temps s'est arrêté, Monsieur Temps dort ! Il est trop vieux à présent, il faut songer à le remplacer. J'attends la personne de confiance, courageuse, pour reprendre la place de notre bon vieux Monsieur Temps. J'offre la main de ma fille, la princesse Isabelle, à celui qui sera capable de faire ce grand travail !

Partout dans le royaume, Guillaume, le tambour du roi, passait dans les rues et criait à qui voulait l'entendre :
– Oyez, oyez, braves gens ! Notre bon roi Gentil attend son nouveau Monsieur Temps !
Et il terminait ses annonces en tambourinant, ran-ran-pa-ta-plan !
Ce jour-là, Xavier, le serrurier qui travaillait à la fabrication d'une grosse clé pour une des portes du château, entendit le message. Il réfléchit et décida de se présenter chez le roi Gentil.

Il fut conduit aussitôt dans les appartements royaux. Xavier le serrurier se présenta et dit :

– Voilà, Majesté, je peux remettre le temps en place ! Mais à ma manière !

– Ah ! dit le roi, qu'entends-tu par à ta « manière » ? demanda le roi.

– Je ne peux vous en dire plus pour le moment, Majesté, mais si vous me laissez sept lunes, je pourrai vous expliquer !

– Sept lunes ! s'exclama le roi. Mais c'est trop long ! Nous ne pourrons jamais rester sans temps aussi longtemps !

– Il faudra bien, Majesté, car je pense que vous serez très content de ma solution !

– Si tu es sûr de ton projet, Xavier le serrurier, je veux bien attendre, mais alors il ne faudra pas te tromper !

– Je ne vous demanderai qu'une chose, Majesté : le soir de la septième lune, envoyez-moi votre carrosse !

Une lune passa, puis deux, puis trois. Dans le fond de son petit atelier, Xavier le serrurier travaillait avec acharnement, il coupait, sciait, taillait, jour et nuit, et personne n'osait le déranger.

On chuchota de nouveau :

– Xavier le serrurier est un vantard, il a promis une solution, mais pour l'instant, Monsieur Temps dort toujours ! Xavier le serrurier n'est pas capable de retrouver notre temps, notre temps est perdu !

Indifférent au bavardage, Xavier continuait de couper, scier, tailler, le jour, la nuit... Enfin, la septième lune arriva, un carrosse royal vint s'arrêter devant l'atelier de Xavier le serrurier sous les yeux ébahis des voisins. Xavier sortit de son atelier, portant un étrange colis, et s'engouffra dans le carrosse royal.

Le roi Gentil l'attendait avec impatience, il avait convoqué toute la cour. Xavier fut annoncé et se présenta devant le roi avec son étrange colis.

– Eh bien, mon garçon, je suis impatient de voir ce que tu caches dans ce colis. Cela fait un bruit bizarre !

Sous les yeux du roi éberlué, Xavier le serrurier découvrit une étrange machine.

– Ooooh ! fit la Cour.

– Quelle étrange machine, mon garçon ! Pourquoi fait-elle ce bruit ? Et ces tiges bizarres qui tournent toutes seules devant ces grands chiffres ! J'espère que tu ne te moques pas de moi, mon garçon !

À ce moment, la machine se mit à sonner, un coup, puis deux, puis trois, ainsi jusqu'à sept. Ding, ding, ding !

– Ooooh ! refit la Cour en se reculant, effrayée.

Xavier le serrurier, très détendu, s'approcha du roi en souriant et dit :
– N'ayez aucune crainte, Majesté, ce n'est pas une sorcellerie. Grâce à cette machine, le temps est rétabli ! Je vous présente mon invention, la machine à diviser le temps ! Elle vient de sonner sept heures, elle sonnera bientôt sept heures et demie et puis huit heures et ainsi de suite jusqu'à minuit.

Le roi Gentil, après avoir passé la nuit à écouter le tic-tac et sonner chaque heure de la machine à diviser le temps, fut convaincu et ravi. Le lendemain, il convoqua toute la Cour et proclama :
– Mes chers sujets, je suis heureux de vous annoncer que le temps est revenu et que la machine à diviser le temps s'appellera désormais : horloge !
Xavier le serrurier fut fêté, comblé de présents royaux, et le roi Gentil tint sa promesse : il lui donna sa fille, la princesse Isabelle, en mariage. On le nomma prince du Temps.

Le petit dragon rose

Véronique Tardivel

– Aïe, aïe ! tu me fais mal ! criait le petit panda.
– Pousse-toi, tu prends toute la place, vitupéra le petit dragon rose qui, pour éveiller l'attention d'une petite fille, tapait de toutes ses forces contre la vitre qui les séparait. Adossée contre la vitre, la jolie petite fille, aux boucles blondes et au nez rougi par le sucre coloré de la barbe à papa qu'elle dévorait, ne se retourna pas.
« Le destin est toujours cruel pour qui ne possède pas l'amour et la tendresse d'un foyer », pensa amèrement le petit dragon rose.

Orphelins, nos deux petits animaux en peluche étaient ainsi exposés dans une vitrine au beau milieu d'une fête foraine. Depuis longtemps déjà, ils attendaient qu'un petit garçon ou qu'une petite fille veuille bien les adopter. Le regard triste, les yeux larmoyants, ils contemplaient avec mélancolie le charivari des enfants qui exultaient, se pressaient, se bousculaient à l'entrée des manèges.

– Comme ils sont heureux ! dit le petit panda.

– Oh, comme j'aimerais avoir une vraie famille rien qu'à moi ! s'exclama le petit dragon rose.

Le soir venu, tout espoir d'une vie heureuse s'évanouissait, disparaissait dans la nuit étoilée accompagnant le pas lourd des derniers badauds. Comme tous les soirs, le silence fit bientôt la place aux sanglots et aux pleurs du petit dragon dont personne, une fois encore, n'avait voulu. Le petit panda s'approcha de son ami pour le consoler :

– Mon ami, lui dit-il, ne pleure plus, je suis si triste de te voir malheureux. Mais j'ai eu une idée. Demain, tu monteras sur mes épaules et tu te hisseras jusqu'à la grosse pince en fer.

En effet, le lendemain, le petit panda tint parole; et à peine le petit dragon rose s'était-il juché sur les épaules de son ami que la grosse pince s'abattit sur lui comme pour le fendre; elle le tenailla, le serra si fort, qu'il en perdit connaissance.

– Réveille-toi, petit dragon ! lui dit tendrement un petit garçon. Je suis ton nouveau papa, je m'appelle Henri, ajouta-t-il.

Réveillé par le souffle parfumé des odeurs de l'enfance qui venaient lui caresser les oreilles, le cou, puis le front, le petit dragon rose se blottit dans les bras câlins de son gentil papa.

Oh, comme c'était bon ! Le cauchemar était enfin terminé. Soudain, il entendit une voix qui lui était familière.

– Hé, mon ami, retourne-toi, je suis là, derrière toi !

Surpris, le petit dragon rose se retourna et vit son ami le petit panda assis sur le lit.

– Que fais-tu là ? interrogea le dragon rose.

– Après que tu t'es évanoui, j'étais si triste à l'idée de ne plus jamais te revoir que j'ai beaucoup pleuré. Alors, Henri est revenu me chercher, il a eu pitié de moi... répondit-il.

– Nous avons donc le même papa, nous sommes frères ! dirent en chœur les deux petits animaux en peluche.

Ils s'embrassèrent et firent des pirouettes toute la journée, car ils savaient qu'ils ne se quitteraient plus jamais.

– Ami, ami, que vois-tu ?

– Je vois la même chose que toi : notre amitié.

La révolte des livres

Anne-Christine Dussart

Antoine pousse la porte et entre comme un coup de vent.
Il jette son cartable sur le tapis, son anorak sur un fauteuil et sa casquette à terre...
et hop ! enfonce immédiatement l'interrupteur de la télé.
Ouf ! Un peu de bruit : ça fait du bien...
Maintenant, il hésite : c'est mercredi après-midi, il a tout son temps.
D'abord, manger le sandwich que maman a laissé dans le frigo.
De l'autre main, le garçonnet saisit la télécommande et zappe rapidement pour explorer les programmes télévisés. Pas génial, cet après-midi.
Bon, alors, cap sur l'ordinateur !
Antoine fonce vers sa chambre, enjambe les jouets qui jonchent la moquette et s'installe devant le clavier de l'ordinateur.

« Quel jeu choisir ? Ah, celui-là, introduisons la disquette. »
Bientôt, un rassurant ti-titt ! se fait entendre, suivi de l'agréable rengaine musicale bien connue de notre ami.

Antoine n'est pas seul. Derrière lui, une trentaine de livres dorment bien sagement dans la bibliothèque. Il y en a de toutes les sortes : des gros, des petits, des grands, des minces, des livres colorés et attrayants, et aussi d'autres plus sérieux, tous reçus au hasard des fêtes et des anniversaires qui jalonnent les années.

À ces occasions, Antoine les a palpés, humés, retournés dans tous les sens. Il les a feuilletés rapidement en s'attardant sur les illustrations. Ensuite, maman leur a trouvé une place dans la chambre du garçon : la petite bibliothèque de bois brun qui sent bon la cire. Et maintenant ils dorment, résignés à ne plus être pris, engourdis de ne pas être ouverts et désespérés de ne jamais être lus.

Le premier à réagir, c'est le livre *Robinson Crusoé*.

– Hé, réveillez-vous, les autres ! lance-t-il en cognant des coudes. Remuez-vous ! On se croirait sur mon île déserte. Vous ne voyez pas que notre Antoine nous néglige ? Il ne pense plus qu'à ses deux « bêtes à boutons » sur lesquelles il appuie comme un forcené des heures durant. Il faut que cela cesse ! Réagissez ! fait-il en remuant de plus belle.

–Hein! gémit le livre *Contes de fées*. Que se passe-t-il? Cette chambre n'est donc pas le château de ma belle? Je croyais devoir dormir cent ans!

–Dormir, dormir! Nous ne sommes pas faits pour ça! gronde *Vingt mille lieues sous les mers*. Nous sommes faits pour raconter des histoires passionnantes, pour instruire les enfants, pour les distraire. Les voilà, nos ennemies! Elles: les «bêtes à boutons». Regardez la première: elle trône sur le meuble noir. Antoine n'a d'yeux que pour elle. Sur son écran gesticulent de nombreux petits personnages menaçants qui finissent par tomber comme des mouches. Pan! pan! Antoine les trouve plus amusants que nous.

–Tu as raison, soupire *Contes de fées*. La deuxième «bête à boutons», nous l'avons devant nous. Je me demande ce qu'Antoine lui trouve: elle ne sait dire que ti-titt! tarattatati! à longueur de journée. C'est désespérant.

C'est alors que le livre *Robinson Crusoé* a une idée géniale:

–Il n'y a qu'une solution. Déclarons-leur la guerre, propose-t-il. Il faut trouver un moyen de les neutraliser. De cette manière, Antoine s'ennuiera et s'occupera enfin de nous.

–En effet, tonne le gros *Dictionnaire illustré*. C'est une excellente idée.

– Oui, mais comment faire ?
Chacun se gratte les pages, perplexe.
Enfin, une petite voix s'élève timidement.
– Je ne suis que *La Petite Sirène*, mais j'ai ici à côté de moi un copain qui pourrait peut-être vous répondre. Je l'ai vu un jour, ouvert, alors qu'il était tombé par terre. Il y a sur ses pages quelques photos de «bêtes à boutons».
Le livre *Mystères de l'électricité* sort de sa torpeur.
– Je ne suis pas «tombé par terre», siffle-t-il d'un air pincé.
Antoine m'a pris et m'a feuilleté le jour où la foudre a fait sauter les plombs. Toutes les « bêtes à boutons », comme vous les appelez, ont alors refusé de fonctionner.
– Ça alors ! s'écrient les livres en chœur.

De tout ce tintamarre, Antoine n'entend rien, car le langage des livres est un langage silencieux. Il perçoit seulement derrière lui un léger frémissement de pages, frémissement aussitôt couvert par la chansonnette électronique de l'ordinateur.
Pendant qu'il poursuit son jeu, les livres se concertent et discutent du moyen de neutraliser leurs rivales. *Mystères de l'électricité* se rapproche d'*Alpiniste débutant* :
– Il doit y avoir, sur un mur, une grande boîte où aboutit le circuit électrique de la maison. Si nous parvenons à nous hisser jusque-là, nous pourrons couper le courant, et nos ennemies seront anéanties.
Les deux compères descendent de l'étagère et rampent jusqu'au mur. En face d'eux, la télé continue à agiter ses personnages, indifférente.
Ils lèvent la tête : que cette boîte est haute !

– Attendez, crie le gros *Dictionnaire illustré*.
Et il leur présente son gros dos pour leur faire la courte échelle.
– En avant, dit l'*Alpiniste débutant*.
Et le voilà qui s'encorde, se cramponne et se hisse lentement, jusqu'à la boîte.
Les autres retiennent leur souffle.
– Maintenant, que faut-il faire ? demande-t-il à *Mystères de l'électricité*, dépêche-toi, mes pages glissent !
– Voilà, tu ouvres la boîte et tu verras, en bas, un bouton rouge. Appuie dessus.
– Hourrah ! J'ai réussi, hurle l'*Alpiniste débutant*.
– Hourrah, clament les autres livres, nous avons gagné !
En face d'eux, la première « bête à boutons » est devenue toute grise et silencieuse.
Dans la chambre d'Antoine, l'écran de l'ordinateur s'éteint brusquement et la mélodie lancinante se tait d'un seul coup. Quel calme inquiétant !
Antoine tapote fébrilement quelques boutons au hasard. Rien à faire !

Il actionne alors l'interrupteur de sa lampe de bureau.
–Zut, plus de jus ! rage-t-il. Ça tombe mal. Maman ne revient qu'à six heures ce soir, et papa, n'en parlons pas !
Antoine se lève et tourne en rond. Comment s'occuper ?
Les autres jeux, il les connaît par cœur, ils ne l'intéressent plus depuis longtemps.
Que faire, que faire ?
–Regarde-nous, regarde-nous, chuchotent les livres.
–Ouvre-nous, ouvre-nous, bruissent leurs pages...

Le regard d'Antoine erre dans la chambre... et s'arrête sur eux.
–Tiens, mes livres, s'étonne-t-il. J'avais oublié leur existence !
Voyons... *Robin des Bois*, c'est grand-père qui me l'a offert pour Noël.
Et *Le Livre de la jungle*, c'est maman pour la Saint-Nicolas.
Et le livre des *Contes de fées, Un bon petit diable, Tom Sawyer, Aladin et la lampe merveilleuse, Les Vacances du petit Nicolas*...
Oh ! là, là ! je ne savais pas que j'en avais tant !
Ouvrons-les pour voir.
Les livres ne se font pas prier.
De sa jolie voix douce, *Contes de fées* lui rappelle toutes les belles histoires qu'Antoine écoutait lorsqu'il était petit.
Le Livre de la jungle l'entraîne sur les traces de Mowgli, au cœur de la forêt équatoriale, où il retrouve l'ours Baloo, la panthère Bagheera et le tigre Shere Khan.
Robinson Crusoé et son ami Vendredi lui font partager leurs passionnantes aventures sur une île déserte.
Tous les autres livres se pressent pour se raconter à Antoine.
L'après-midi s'écoule comme dans un rêve.
Antoine est si absorbé par sa lecture qu'il ne voit pas les trois coupables regagner tout doucement la bibliothèque, sur la pointe des pages...

Une amitié magique

Nathalie Longueville

Très loin dans le Nord, sur l'immense étendue de la banquise, vivaient deux bébés animaux. L'un s'appelait Crac, c'était un petit phoque blanc très joueur et très malin. L'autre s'appelait Noursi, c'était un bébé ours, tout blanc lui aussi, très timide et un peu pataud.
Noursi avait peur de tout malgré sa grande taille. Il savait pourtant qu'il deviendrait très grand et très costaud comme sa maman et son papa. Mais il était si craintif qu'il restait la plupart du temps aux côtés de sa maman.
Un jour que sa maman l'avait laissé seul pour aller pêcher, il fut pris d'une grande frousse. Il se mit à regarder de tous les côtés pour s'assurer qu'aucun intrus ne rôdait.
– Ah, quelle horreur ! cria-t-il. Je suis suivi, un énorme monstre me poursuit !

Il courut très vite mais ne parvint pas à s'en débarrasser. Lorsqu'il fit tout à coup demi-tour, la chose étrange l'attendait de l'autre côté.
– Maman ! Maman ! hurla-t-il.
Mais personne ne répondit.

Soudain, de fatigue et de peur, il s'effondra. Il aperçut non loin de là un petit phoque blanc en équilibre sur un morceau de banquise. Le petit animal riait et riait encore.

Noursi, attiré par cette petite bête sympathique, se remit sur ses quatre pattes et s'approcha de lui.

– Comment t'appelles-tu, et pourquoi ris-tu ainsi ? lui demanda-t-il, un peu agacé.

– Moi, c'est Crac et toi, tu es trop marrant ! lui répondit le petit phoque.

– Mon nom, ce n'est pas marrant, c'est Noursi et je n'ai rien fait ! s'exclama l'ourson.

– À ton âge, tu devrais savoir que cette chose qui te poursuit partout, c'est ton ombre, dit le petit Crac.

– Ombre ? C'est dangereux, Ombre ?

Crac se remit à rire. Plus il riait et plus Noursi boudait. « Il n'est pas si gentil, pensa-t-il, il se moque tout le temps de moi. » Noursi s'éloigna alors l'air un peu triste.

Crac sortit complètement de l'eau et alla rejoindre Noursi. Ils firent connaissance et Crac lui montra ce qu'était une ombre. Il lui expliqua que chacun avait la sienne grâce au soleil.

Ils se mirent alors à rire ensemble.

Ils devinrent aussitôt des amis inséparables. On les voyait très rarement l'un sans l'autre. Ils s'amusaient comme des fous sur la banquise blanche et glacée. Ils inventaient des histoires et se retrouvaient dans un monde secret.

Un jour cependant, alors que Crac s'amusait comme tous les autres jours, Noursi, lui, avait la tête ailleurs et paraissait triste. Il restait couché et regardait vers le ciel. Comme il aurait voulu être un autre animal !

Crac s'installa tout contre lui et lui murmura à l'oreille :

– Alors, Noursi, tu as l'air bien malheureux aujourd'hui. Que t'arrive-t-il ?

– Rien, répondit l'ourson, je suis juste un peu fatigué. Je n'ai pas bien dormi cette nuit, j'ai fait beaucoup de cauchemars.

Crac ne le crut pas vraiment et, pour ne pas l'ennuyer, décida de le laisser seul.

– Ne pars pas si vite, chuchota Noursi en tournant la tête du côté opposé à Crac. Il savait que ce n'était pas très poli, mais il n'aurait pas pu lui dire la chose terrible qui le tourmentait en regardant son ami dans les yeux.

– C'est affreux, ce qui nous arrive. Tu sais, je vais devenir un très grand ours comme mon papa et ma maman et je serai très fort. Et toi, tu deviendras un phoque et tu seras bien plus petit que moi.

L'ourson était tellement malheureux qu'on pouvait voir quelques larmes perler dans ses yeux. Et puis soudain il dit :

– Maman m'a expliqué que les grands ours mangent des petits phoques comme toi. Tu comprends, nous ne pouvons plus être des amis !

Le petit phoque tenta de le rassurer :

– Tu me reconnaîtras. Tu ne me mangeras pas, je le sais !

– Toi, je ne te mangerai pas, mais je pourrais bien avaler un de tes cousins. Ce serait horrible !

À ce moment-là, ils se serrèrent tous les deux l'un contre l'autre et essayèrent de trouver une solution à leur problème.

Crac retourna lentement vers le trou par lequel il sortait toujours de l'eau et lui dit :

– Je suis certain qu'il y a une solution. Je la trouverai ! Reviens dans deux jours et je te dirai ce qu'il faut faire. Je suis sûr qu'on peut rester amis.

Noursi s'approcha de Crac et frotta son petit nez rose contre le sien.

– On sera toujours de grands amis, répéta-t-il.

Crac disparut sous la banquise dans un grand splash, laissant Noursi seul avec toutes ses questions.

Noursi dormit très mal ces deux nuits-là. Il n'arrêtait pas de faire des cauchemars. Il se voyait en train de dévorer des petits phoques. Il se réveillait brusquement et se retournait pour essayer de retrouver le sommeil.

Il ouvrit soudain grands les yeux. Ah ! C'était enfin le jour du rendez-vous ! Il ne fallait surtout pas manquer le petit Crac qui avait peut-être une solution à leur grand problème. Noursi espérait tellement que son ami ait une bonne idée ! En avançant vers leur lieu de rencontre, son cœur se mit à battre plus vite.

Arrivé à l'endroit convenu, il ne vit pas son camarade de jeux. Il se mit à crier :
– Crac, Crac, où es-tu ? Dis-moi où tu te caches. Je sais bien que tu me fais encore une de tes farces.
Personne ne lui répondit. Il était là tout seul, perdu dans l'immensité blanche de la banquise.
Il se dirigea alors vers le trou par lequel Crac devait sortir et y plongea son museau. « Brrr ! l'eau est glacée, se dit-il. » Il secoua vigoureusement la tête pour essayer de se débarrasser des gouttes froides qui coulaient et lui donnaient des frissons.

Intrigué par un petit bruit qui semblait venir de l'eau, il se décida tout de même à replonger la tête. Il vit alors Crac au loin qui tirait derrière lui une chose étrange. Un coffret lumineux. Des éclats de lumière sortaient de la boîte par de minuscules trous. Le soleil était-il coincé dedans ?

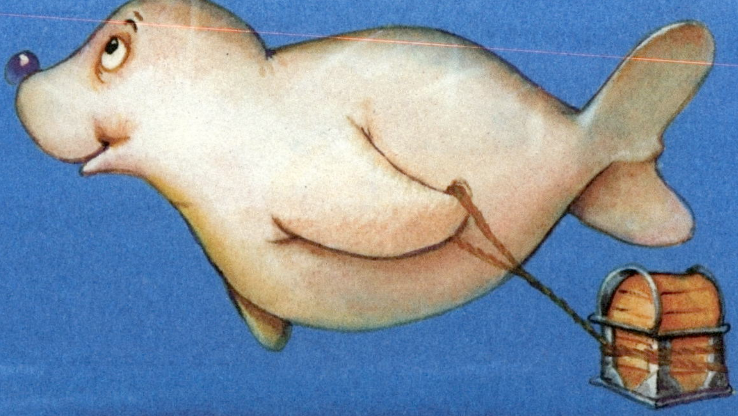

Noursi ressortit la tête hors du trou. Il réfléchit un instant et plongea à nouveau la tête tout entière dans l'eau. Il trouvait déjà l'eau beaucoup moins froide.
Il voulait appeler Crac mais quand il ouvrait la bouche pour parler, seules de petites bulles s'échappaient. Pas une parole ne parvenait à sortir.
Comme il ne pouvait rien faire et qu'il commençait à manquer d'air, il ressortit la tête et se secoua de nouveau. Il s'assit alors tout près de là et attendit avec une certaine impatience le petit Crac et son colis mystérieux. Il avait le regard fixé sur l'eau. Si elle faisait quelques remous, cela signifiait que Crac n'était plus très loin.
Soudain, il vit quelques vaguelettes et aperçut un bout de la tête de Crac. Il était épuisé par le voyage mais paraissait très heureux de sa découverte.
– J'ai besoin de ton aide pour sortir ma boîte de l'eau. Elle est trop lourde, je ne pourrai jamais y arriver tout seul !
– Pas de problème. Dis-moi ce que je dois faire.
– Il suffit de tirer doucement sur la corde pour sortir la boîte de l'eau.

Noursi prit la corde entre ses dents et tira petit à petit. Il fallait tirer très lentement pour ne pas briser la boîte mystérieuse. Il aurait pu tirer bien plus vite car ce n'était pas bien lourd pour lui, mais il suivit les précieux conseils de son ami.

Cette fameuse boîte sortit enfin de l'eau. Les petits rayons de lumière qui s'en échappaient éblouirent Noursi. Il ferma les yeux puis essaya de les rouvrir. La chose était tellement lumineuse qu'il était impossible de la regarder plus de quelques secondes. C'était un peu comme les jours où ils s'amusaient à regarder le soleil. Ils avaient alors des petites formes noires qui dansaient devant leurs yeux !

– Tu désires vraiment que l'on reste à jamais des amis ? lui demanda Crac.

– C'est ce que je souhaite le plus au monde, répondit l'ourson.

– Alors, nous allons faire ensemble le vœu de ne jamais être séparés. Puis on ouvrira la boîte et on verra ce qui se passe !

Ils avaient tous les deux le cœur serré en prononçant leur vœu.

Le couvercle se souleva subitement et un grand éclair de soleil les emporta. Ils se retrouvèrent plusieurs mètres plus loin. La boîte lumineuse avait disparu. Ils se regardèrent. Leur vœu avait été exaucé ! La lumière les avait transformés en renards des neiges !

Depuis ce jour-là, on ne vit plus ni Noursi ni Crac sur la banquise, mais bien deux petits renardeaux qui s'amusaient comme des fous ! De tous les animaux de la banquise, seuls leurs parents reconnaissent les deux petits renards et partagent leur formidable secret.

Bulle préfère la mousse

Françoise Le Gloahec

Bulle glisse, plonge, puis remonte se cacher dans les roseaux. C'est un petit poisson malicieux. Mais il ne comprend pas qu'au moment où le soleil joue à cache-cache, lorsque l'étang s'anime, maman Perche l'appelle :

– Bulle, veux-tu bien rentrer ! Il est l'heure de se coucher !

– Tu parles ! ronchonne le petit poisson. Lorsqu'il a fait froid, j'ai dû rester dans la vase tiède du fond de l'étang, me reposer, ne pas manger. Maintenant c'est le printemps et moi je n'ai pas sommeil !

Bulle préfère jouer avec Gloup. La petite grenouille est capable de faire ce dont il rêve : elle sait sauter hors de l'eau et connaît les bords de l'étang.

Elle se pose sur les nénuphars pour attraper les libellules. Pourtant, Gloup est incorrigible : dernière couchée et toujours la première éveillée.

Ce matin encore :

– Ohé, Bulle ! Réveille-toi, gros paresseux, crie la petite grenouille.

– Bonjour, Gloup ! Ah ! J'ai bien dormi, répond le petit poisson qui a encore quitté la maison sans faire sa toilette.

– Si tu veux, je peux te montrer comment sauter sur la berge.

– Je n'y arriverai pas, je suis un poisson ! Je ne respire que dans l'eau !

– Moi avant j'étais un têtard. Je te ressemblais un peu. À présent, j'ai ceci, dit-elle en tapant fièrement du pied. As-tu vu mes cuisses musclées ? Hop ! hop ! hop ! Gloup bondit de nénuphar en nénuphar. En quelques sauts elle réveille tout le peuple de l'étang.

– Qui ose me déranger ? grogne un vieux brochet.

– Il n'a pas l'air commode celui-là, chuchote Bulle. As-tu vu ses dents ?

– Oui, répond Gloup, et je suis l'un de ses repas favoris ; vite, partons !

Sur ces mots, elle file. Bulle s'efforce de la suivre.
– Regarde ! J'arrive à sauter maintenant. Bientôt, j'irai plus loin, dans le bras de la rivière et je descendrai jusqu'à la mer.

Voilà le rêve de Bulle : voir l'océan ! Il veut sentir le sable, observer ces drôles de poissons dans une coquille. Il se demande si les algues sont aussi douces que la mousse de la mare…
– Mais c'est impossible ! s'écrie Gloup. Tu ne pourras pas aller si loin. Et puis, sais-tu que l'eau y est salée ? Cela te piquera partout et le sable, ça gratte !
– Je veux voir la mer ! Et j'y arriverai ! s'entête Bulle.
La sterne, alertée par les cris, quitte la rivière pour se poser sur l'étang.
– Mon garçon, moi qui voyage le plus entre la mer et la rivière, je te déconseille cette exploration ! La rivière est longue, il y a beaucoup de courants. Et il y a le féroce brochet…
– Oui, oui, nous le connaissons, répondent en chœur les deux amis.
L'hirondelle de mer s'envole, les laissant bien pensifs.
Au petit matin, Bulle sort de chez lui un peu inquiet. Que penseront ses parents ? Tant pis ! Il part vers l'aventure. Sans bruit, il se dirige vers l'autre bord de l'étang. L'eau commence à s'agiter. Bulle aperçoit le bras de la rivière. Un, deux, trois, il s'y jette. Brrr !!! C'est froid.
La journée a été bien fatigante.
« Où vais-je dormir ? », se demande-t-il.

À ce moment-là, une forme brune glisse de la rive et s'avance vers lui. Il aperçoit déjà ses longs poils brillants et la puissante queue aplatie qui la propulse.

– Chalut, dit l'animal.

– Bon… bonjour, bégaie le petit poisson apeuré.

– Ez-que tu es perdu ? zozote le castor entre ses deux grosses dents.

– N… Non, je voyage. Je vais voir la mer.

– Alors, ze t'invite chez moi pour te reposer.

Le castor guide Bulle jusqu'à une sorte de hutte en bois émergeant de la rivière. Il plonge. Bulle le suit. Sous l'eau, une galerie mène à la maison de cet ami imprévu. L'accueil est agréable et Bulle se régale des vers récupérés sur les arbres. Le jour se lève déjà.

– À bientôt, crie Bulle à ses amis castors.

Le courant se fait plus fort et Bulle rencontre des poissons inconnus mais paisibles.

Tout à coup, l'un d'eux s'adresse à lui :

– Bonjour, cousin ! Je suis Flip ! As-tu remarqué comme nous nous ressemblons ? Je suis une perche, moi aussi.

– Peut-être, mais je suis doré et noir, tu es plutôt vert et bleu.

Flip lui propose de l'accompagner jusqu'à l'estuaire. C'est là que la rivière se jette dans la mer.

Bulle et Flip font quelques cabrioles pour rigoler un peu. Enfin, ils aperçoivent, au loin, le mouvement fascinant de l'océan.

– C'est ici que nous nous séparons, dit Flip, un peu ému.

– Je ne t'oublierai jamais. Au revoir, Flip !

Flip fait demi-tour. Bulle est un peu triste. Il goûte la mer et s'étonne. Sous ses nageoires, il sent qu'elle bouge tout le temps. Soudain, une grosse vague l'emporte très haut pour le jeter loin sur le rivage. Dans son trou d'eau tiède, entre les rochers couverts de moules, Bulle décide d'attendre le retour de cette eau vraiment agitée. Il ne sait pas que la mer s'est retirée pour plusieurs heures. Bulle patiente et... s'endort. Un clapotis et quelques chatouillis le réveillent. La mer est revenue. Il se laisse emporter par les vagues. Bulle voit la plage où il avait fait la sieste s'éloigner. Il croise une colonie de harengs. Ces poissons prétentieux, au dos vert-bleu et au ventre argenté, ne lui adressent pas la parole.

Mais l'eau salée commence vraiment à le gêner. Bulle a du mal à respirer.

– N'y a-t-il personne pour m'aider ? s'écrie-t-il.

Pas de réponse. Il décide de s'installer dans le creux d'un rocher. La pierre où il se reposait se met à bouger. Il bascule à la renverse et c'est une coquille Saint-Jacques qui s'ouvre.

– Bonjour ! C'est toi qui appelais à l'aide tout à l'heure ?

– Oui, je viens de la rivière. Je voulais découvrir la mer et ses habitants. Maintenant, je veux rentrer chez moi.

– Je comprends. Je vais réfléchir à la manière de t'aider, répond la coquille en bâillant.

Elle se ferme et se projette au loin. Bulle, un peu réconforté, s'endort.

Au matin, une longue plainte le réveille.

– Mais… Qui pleure ? demande courageusement Bulle.
Doucement, il s'approche. Il voit d'énormes filets dérivants. Bulle remonte à la surface. Sur les bateaux de pêche, des hommes tournent de vilaines roues grinçantes qui remontent leurs pièges. Les gémissements des thons prisonniers bouleversent Bulle. Vite ! Il veut parler à la coquille Saint-Jacques. Elle est là. Il frappe :
– Toc, toc, toc ! C'est moi, Bulle, le poisson d'eau douce.
Un petit grincement, la coquille s'ouvre. Les yeux sont les mêmes, mais… il sort de la coquille une toute petite personne. Elle grandit, grandit pour devenir une belle jeune fille ou bien un joli poisson ; enfin, vous avez compris : c'est une… sirène.
– J'ai une idée pour te sauver, dit la jolie sirène. Patience, attendons la marée haute.
Elle se met alors à chanter. Sa voix si douce et sa gentillesse fascinent Bulle. La sirène et le poisson se plaisent beaucoup. Bulle lui demande de partir avec lui pour l'étang.

–Je ne peux pas vivre en eau douce. Et puis, mes sœurs ne comprendraient pas que je les abandonne. Je dois rester ici.

Bulle est très déçu. En attendant la marée, ils s'amusent à se poursuivre dans les vagues.

–C'est le moment, dit la jeune fille. Je te conseille de partir, la mer est forte à présent et te portera jusqu'à l'estuaire. Surtout, ne reviens jamais. Cet endroit n'est pas fait pour toi.

–Au revoir ! Tu resteras toujours dans mon cœur, répond Bulle en retenant ses larmes.

Le petit poisson se laisse guider par les flots. Mais il n'arrive pas à l'entrée de l'estuaire. Il se retrouve, le ventre sur le sable :

–Au secours ! Au secours ! Je ne sais pas respirer ! Je vais mourir ! Je suis bien puni d'avoir voulu explorer l'océan. Plus jamais je ne sentirai la mousse verte et douce de mon étang. Jamais plus je ne verrai mes parents, mes amis, gémit-il.

Il se sent de plus en plus faible. Mais… on le soulève ! Tout de suite après, il frétille à nouveau dans l'eau.

« Ce n'est pas la mer, c'est aussi salé mais c'est trop petit. »

Bulle ne sait pas qu'une petite fille l'a déposé dans son seau. Il ne sait pas qu'une jeune femme a crié en agitant la main :

–Mon enfant, s'il te plaît, emporte vite ce poisson dans le bras de mer. Ainsi, tu le sauveras.

La fillette, fascinée par le sourire et le doux chant qui s'élevait au-dessus des vagues, obéit aussitôt. Elle court pour rejeter son protégé à l'endroit demandé par la jolie nageuse qui était… vous l'avez deviné : la sirène !

Bulle est rentré chez lui, a retrouvé
ses amis et le calme de l'étang.
Mais toute sa vie, il se souviendra
de cet extraordinaire voyage et de
la merveilleuse sirène dont
il est pour toujours amoureux...

Pom-Pom et les perroquets verts

Marc Van Laere

C'est alors qu'il traversait le jardin, que Pom-Pom entendit pour la première fois LE bruit. Il n'y prêta pas vraiment attention, car la nature était pleine de sons, de bruits et de chants d'oiseaux…

La seconde fois qu'il entendit ce même bruit, c'était un matin tôt, alors qu'il paressait encore au lit.

Comme ce bruit (ce grincement devrais-je plutôt dire), qui venait de dehors, lui semblait étrange, rapidement il se leva. Et, s'approchant de la fenêtre ouverte, il aperçut, perché dans le grand charme – tenez-vous bien – un perroquet ! Oui, un perroquet, comme je vous le dis.
Un perroquet tout vert dans le jardin…
« Ce n'est pas possible, se dit Pom-Pom, chez nous il n'y a pas de perroquets en liberté dans les jardins. »
Non… Pom-Pom n'en croyait pas ses yeux : il n'y avait pas UN Perroquet, mais TROIS !
En un tour de main, Pom-Pom fut habillé et se précipita dehors. Il se répétait :
je dois rêver, ou alors c'est une blague.
Il s'agit sans doute de perroquets empaillés.

–Mais non, entendit-il alors, nous sommes bien vivants. Bonjour… Comment t'appelles-tu ?

Si vous aviez vu la tête de Pom-Pom ! Non seulement il ne s'était pas rendu compte qu'il avait parlé tout seul et à haute voix, mais ne voilà-t-il pas que ce perroquet lui adressait la parole… D'accord, tout le monde sait bien que les perroquets peuvent parler. Mais on n'a jamais vu un perroquet poser des questions, et parler un excellent français… Pom-Pom, qui est extrêmement poli et curieux, dit alors au perroquet qui semblait être le chef des trois :

–Mais qui êtes-vous ? D'où venez-vous ? Et que faites-vous ici, dans le froid ? Et comment se fait-il que tu parles aussi bien le français, pour un étranger ?

–Écoute, lui répondit le perroquet, c'est bien simple. Nous sommes nés en Belgique. Notre grand-père, lui, vivait en Afrique. Mais un jour sont arrivés dans la forêt vierge des chasseurs d'un genre particulier. Ils n'avaient pas de fusils, mais de grands filets qu'ils lançaient sur les branches où notre famille avait son nid. Et c'est ainsi qu'ils ont pris grand-père et grand-mère; ils les ont ensuite enfermés dans des cages, avec beaucoup d'autres oiseaux. Et embarqués à bord d'un gros avion. Après un long vol, durant lequel ils ont souffert de la soif et du manque d'air, on les a débarqués à l'aéroport, où des messieurs sont venus les chercher, pour les amener dans leur magasin. Là, c'était déjà un peu mieux, ils recevaient régulièrement à boire et à manger. Mais cela ne valait pas leur belle forêt. Ils ne cessaient d'y songer, surtout quand ils apercevaient, par la vitrine, le grand soleil… Et ils avaient le cœur bien gros… Un jour, une dame entra dans le magasin, elle avait l'air gentil. Elle demanda à voir mes grands-parents, et après avoir payé le marchand, les emporta chez elle, à Uccle.

–De ce jour, reprit le perroquet après un silence, leur vie changea totalement. On les avait installés dans une grande cage, où ils pouvaient se mouvoir et se balancer... Ils recevaient des graines de tournesol à profusion, et des noisettes, et de l'eau fraîche... Mais, toujours, ils songeaient à la belle vie qu'ils menaient en Afrique, à leurs amis, à la liberté...

Et un jour, alors que la dame n'avait pas bien refermé la cage, ils poussèrent la petite porte, s'avancèrent dans le salon, et ne voyant personne, risquèrent le tout pour le tout : comme on était en plein été, la fenêtre était grande ouverte, ils prirent leur envol et... youpi ! ils retrouvèrent la liberté... Ils étaient fous de joie, dépliaient tout grand leurs ailes, et voletaient de-ci, de-là... Mais il leur fallait maintenant trouver un endroit où s'abriter. Pas facile, dans une grande ville... On n'y trouve pas tellement d'endroits isolés, ni d'arbres touffus, où construire un nid. Aussi cela prit un certain temps, avant que grand-père perroquet et grand-mère perroquet ne découvrent un grand parc plein de beaux grands arbres. Il y faisait un peu plus calme, on n'entendait presque plus le vacarme incessant des voitures et des trams... C'est ainsi qu'ils s'installèrent dans un beau platane. Il était grand temps, car grand-mère avait le plus grand besoin d'un nid douillet, pour y déposer ses œufs ! Eh oui, elle allait bientôt être maman ! Quelque temps plus tard sont nés nos parents. Eux se plaisaient bien dans le parc... Forcément, ils n'avaient jamais connu l'Afrique et ses immenses arbres pleins de fleurs.

Bientôt, reprit aussitôt le perroquet, devenus grands, papa et maman construisirent un nid pour eux tous seuls.
Nous sommes nés un beau matin de printemps, mon frère, ma sœur et moi. Et nous avons été bien heureux en famille.

Nous nous étions faits au climat, au froid et à la neige. Les gens du voisinage s'étaient habitués à notre présence, ils nous apportaient des miettes de pain et des graines et nous vivions en paix. Cela aurait pu continuer longtemps ainsi, si quelques personnes acariâtres n'avaient commencé à se plaindre. Elles prétendaient que nous faisions trop de bruit, que nous déposions des saletés partout (alors que nous avons toujours veillé à ne jamais nous approcher des voitures) et qu'il fallait nous faire déguerpir ! Bientôt, nous avons assisté à de violentes disputes entre ceux qui voulaient nous garder et ceux qui nous traitaient de sales étrangers, qu'on devrait renvoyer chez eux… C'en était fini de notre bonheur. Papa fut lâchement abattu un soir par un tireur isolé, maman en eut tant de chagrin qu'elle mourut peu après. Et nous, orphelins perdus, seuls dans cette ville hostile, nous n'avions plus qu'une pensée : partir, partir loin, très loin, où nous retrouverions le calme…
Il y a deux jours, avant le lever du soleil, nous avons pris notre envol. Nous avons erré longtemps, de village en village, de ferme en jardin… Et quand nous sommes enfin arrivés ici, nous avons pu voir combien la dame qui habite cette maison aime les oiseaux. Chaque matin, après son petit déjeuner, doucement et sans faire de bruit afin de ne pas effaroucher les animaux, elle dépose sur la pelouse, et sur la planchette sous l'aubépine, du pain et des petits morceaux de viande.

Et elle accroche au noisetier de petits sachets perforés pleins de bonnes graines de tournesol... Alors nous avons compris que nous avions enfin trouvé l'endroit où nous réfugier, où plus personne ne nous traiterait de sale étranger, et où nous pourrions reprendre une vie normale en pleine nature, et sans risquer à tout moment de nous faire tirer dessus...

Pom-Pom avait écouté le perroquet avec émotion.

Il avait maintenant les yeux humides.

Avec un grand sourire, il dit alors :

– Je m'appelle Pom-Pom. Je suis très content que vous soyez ici, et je voudrais bien devenir votre ami.

Et depuis ce jour, ils ne se quittent plus.

Jacquot l'escargot

Patricia Kawa

Petit Jacques vit avec sa maman dans une grande forêt. Il adore les arbres où pendant des heures il se lance dans des galipettes sur les hautes branches. Jacquot invente aussi des tas de jeux avec ses copains. Tous les amis s'amusent comme des petits fous. Jacques est très fier, il gagne presque toujours la course à pied.

Chaque jour avant le repas de midi, Petit Jacques quitte ses amis, car maman escargot l'emmène pour une longue promenade. Il aime alors découvrir les petites fleurs colorées, respirer leur parfum et saluer les écureuils qui vont et viennent à toute allure.
Mais aujourd'hui, lorsque sa maman l'appelle, la réponse se fait attendre. Maman escargot finit par s'impatienter.
« Où peut-il bien se cacher ? », se demande-t-elle.
Elle cherche du côté du grand arbre au feuillage tout vert. Bien souvent, c'est là qu'elle le retrouve. Il aime tant y jouer.
En effet, elle aperçoit sa coquille au loin.
– Eh bien, Jacquot ! Voilà dix fois au moins que je t'appelle, que fais-tu ?
Pas de réponse. Maman escargot est inquiète, ce n'est pas l'habitude de son fils de garder le silence. Elle se rapproche de la chambre de Jacques et jette un œil à l'intérieur.
Il est tout blanc, maman ne l'a jamais vu comme ça.

Sans perdre de temps, elle fait appel au docteur Escargino.
Après avoir examiné Jacques, le médecin l'envoie à l'hôpital afin qu'il soit soigné comme il le faut.
La gentille infirmière, mademoiselle Escargette, entre dans la chambre.
– Bonjour, Jacquot, je viens te donner les médicaments qui vont te guérir.
Jacques est faible, il ouvre une toute petite bouche pour tout recracher ensuite.
– C'est mauvais ! C'est dégoûtant ! fait-il avec une moue.
– Tu as raison, dit la maman calmement, ce n'est pas bon du tout; pourtant, mon Jacquot, pour se sentir mieux, on est parfois obligé de prendre des remèdes qui ont très mauvais goût. Pour cela, il faut du courage, c'est vrai, même beaucoup de courage, et je t'aiderai à le trouver.
Jacques regarde sa maman qui lui sourit.

Alors, péniblement, il reprend son médicament non sans faire une moue de dégoût.
– Veux-tu jouer à quelque chose maintenant, Jacquot ? demande sa maman afin de l'égayer un peu.

Jacques secoue lentement la tête de gauche à droite !

– Veux-tu que je te raconte des histoires ?

Jacques baisse tristement les yeux.

Sa maman comprend alors que son fiston n'a qu'une seule envie, qu'on le laisse tranquille.
Ses amis sont venus voir le malade pour lui remonter le moral.
Mais Jacques n'a pas non plus la force de se montrer.
Maman explique gentiment qu'il vaut mieux revenir plus tard, quand Jacquot se sentira mieux.
Et tout doucement, sans faire de bruit, sans dire un mot, elle s'installe à ses côtés.

Dans le silence de la nuit, le regard de Jacquot et celui de sa maman se croisent et dans leurs yeux, on peut y lire tout l'amour, la tendresse et le respect qu'ils éprouvent l'un pour l'autre.

La princesse Image

Héloïse

Il était une fois, dans un pays très lointain, une princesse jolie comme un cœur, sage comme une image. Elle était si sage que son père le roi l'avait appelée Image. La petite princesse pouvait rester des heures à jouer seule, sans faire une seule sottise.

Au début, le roi en fut fier, mais plus le temps passait et plus cela l'ennuyait. Il avait tout essayé, de lui faire côtoyer les enfants les plus terribles du royaume, mais rien n'y faisait. La princesse Image ne se laissait jamais entraîner; elle était tellement sage que même les enfants terribles se calmaient à son contact et devenaient presque aussi sages que la princesse. « Cette enfant n'était peut-être pas tout à fait normale », se disait le roi. Si seulement elle pouvait faire une seule petite sottise !

Cela finit par l'empêcher de dormir, alors il décida de faire appeler la fée Grandesidées. Celle-ci arriva toute pimpante et souriante, elle fit une gracieuse révérence et demanda :

– Que veut Sa Majesté ?

– Voilà, tu connais ma fille, la princesse Image ?

– Oui, Votre Majesté, elle est réputée pour être très sage.

– Eh bien, justement, fée Grandesidées, cela m'ennuie, je rêve d'une fille qui fasse un peu plus de bêtises ! Elle est trop sage, beaucoup trop sage ! Cela doit changer !

–Bien, Majesté ! Je peux vous aider, mais il y a un petit risque !
–Ah ! Quel risque ? demanda le roi.
–La princesse Image risque de faire d'énormes sottises avec ma formule magique ! Je ne peux pas doser ce genre de chose !
–J'en prends le risque, fée Grandesidées ! C'est trop triste, une enfant sage !
La fée se retourna vers la petite princesse Image et, à l'aide de sa baguette magique, elle prononça une formule magique :
–Mabala bus Normalu ! Mabala ! Bala !
La princesse Image fut enveloppée d'un nuage d'or instantanément.

Elle était assise tranquillement les mains croisées sur les genoux, lorsque tout d'un coup, elle se leva d'un bond et courut vers un des gardes pour lui tirer la barbe. Le roi se mit à rire, il était très content.

– Merci, fée Grandesidées, votre formule a l'air de fonctionner ! J'en suis ravi !

La fée prit congé.

Le roi, tout content, voulut prendre la main de sa fille, mais celle-ci lui échappa, courut comme une folle dans les couloirs et grimpa sur un banc qui se trouvait sous une fenêtre.

Elle s'apprêtait à escalader
la fenêtre, lorsque le roi arriva
essoufflé en hurlant à ses gardes :
– Gardes ! Rattrapez-la !

Les gardes s'emparèrent de la princesse,
alors qu'elle enjambait le rebord de
la fenêtre. Le roi, affolé et furieux, se jeta
sur sa fille et la sermonna.
Mais celle-ci, à peine livrée à elle-même,
se précipita vers le bassin de la cour du
château et s'y plongea.
On la ressortit à moitié noyée. Le roi eut si
peur de perdre son enfant qu'il se demanda
soudain s'il avait eu une bonne idée de
changer sa fille, désormais insupportable !
Finalement, il était bien
plus tranquille lorsqu'elle était sage comme
une image. Il décida d'appeler de nouveau
la fée Grandesidées.

–Je veux que la princesse Image redevienne comme avant, fée Grandesidées ! demanda le roi.
–Bien, Majesté ! dit la fée. Et elle prononça la formule magique pour changer la princesse : Mabala bus Normalu ! Normalu ! Malu !
À cet instant, la princesse, qui était en train de couper avec des petits ciseaux le manteau de cour de son père, s'arrêta instantanément.
Elle alla s'asseoir sur une chaise et resta sage comme une image.
Depuis ce jour, le roi s'extasie sur la grande sagesse de sa fille et l'apprécie à sa juste valeur.

Le chant du coq

Véronique Tardivel

Le jour ne s'était pas encore échappé des ténèbres et la nuit continuait à jeter sur le monde son épais silence. Pourtant, Kikou le chat et Miton le chien se réveillèrent comme d'habitude à la même heure.
– Que se passe-t-il ? s'exclama Kikou. Il fait encore nuit, le jour ne s'est pas levé aujourd'hui. C'est très étrange !
Et le chien Miton de répondre :
– Il est pourtant l'heure de se lever. Où est donc passé Monsieur le Jour, pourquoi se cache-t-il derrière la Terre… Bouderait-il ?
Kikou réfléchit quelques instants et dit d'un ton péremptoire :
– Je parie que c'est encore une ruse de Madame la Nuit. Elle ne veut pas céder sa place à Monsieur le Jour par crainte qu'il ne dévoile tous ses secrets.
Soudain, Kikou et Miton sursautèrent ; ils avaient entendu des bruits de pas que l'obscurité rendait mystérieux et effrayants.
– Qui va là ? demanda Kikou.
– C'est moi, mes amis ; n'ayez crainte, c'est moi Yani le lapin, votre voisin.
– Un grand malheur est arrivé, poursuivit Yani. Rirounet le coq n'a pas chanté ce matin et c'est pour cela que le jour ne s'est pas levé.

– Pourquoi Rirounet n'a-t-il pas chanté ce matin ? Est-il malade ? interrogèrent Kikou et Miton.
– Eh bien, mes amis, de mémoire de lapin, je n'ai jamais vu cela, répondit Yani.
– Qu'as-tu vu ? reprirent en chœur Miton et Kikou, impatients et inquiets à la fois.
– J'ai vu Rirounet accroché à son perchoir, la tête à l'envers, oui mes amis, la tête à l'envers, insista-t-il, comme pour se persuader que ce n'était pas un rêve.
– Il est saoul comme un cochon, il a bu toute la nuit à la taverne de Maître Liman, et malheur à celui qui s'en approche, car les vapeurs d'alcool qui s'exhalent de lui feraient tituber une colonie de mouches, continua-t-il.
– Oh, comme c'est terrible ! dirent, ébahis, Kikou et Miton. Allons tout de même le réveiller immédiatement ! décidèrent fermement le chien et le chat.

À tâtons, traversant la nuit noire, ils arrivèrent enfin près de Rirounet.
– Hé, Rirounet, réveille-toi, s'écrièrent ses amis en lui tapotant le bec.

Rirounet ouvrit un œil, puis l'autre et secoua la tête vigoureusement pour remettre de l'ordre dans sa pauvre petite cervelle étourdie par l'alcool. Il voyait ses amis à l'envers.

– Allons, debout maintenant ! insistèrent avec véhémence ses amis.

Rirounet se remit d'un bond à l'endroit sur son perchoir et, vacillant, il bégaya ces mots :

– Que… que faites-vous ici à cette heure tardive de la nuit ?

– Mais, sache que ce n'est pas la nuit. Le jour n'est pas apparu ce matin à cause de toi. Seuls tes cocoricos peuvent le faire venir. Chante tout de suite ! protestèrent ses amis.

—Je ne veux plus chanter, car je suis un coq bien malheureux, répondit Rirounet en sanglotant.
—Et pourquoi ne veux-tu pas chanter ? interrogèrent Kikou, Miton et Yani.
—Personne ne m'aime, je suis seul et triste; mon chant dérange et réveille tout le monde. Il ne se passe pas un matin sans que l'on m'insulte. Hier, la fermière m'a jeté une grande bassine d'eau froide pour que je me taise. Je suis le plus infortuné des coqs, répondit Rirounet.

La fermière, inquiète de ne pas voir le jour se lever, se trouvait aux abords du poulailler, quand elle entendit les lamentations de Rirounet.
—Mon pauvre Rirounet, je te demande pardon d'avoir été si méchante avec toi, supplia-t-elle.

À ce moment-là, tous les animaux de la ferme vinrent embrasser Rirounet et lui dire combien ils l'aimaient. Heureux, Rirounet entonna son plus beau chant.
À peine l'eut-il terminé que le ciel s'éclaircit, la terre avala les dernières ombres. De tout son éclat, la lumière du jour inonda le monde.
Tous se réjouirent et une grande fête fut organisée en l'honneur de Rirounet qui promit de ne jamais plus retourner à la taverne de Maître Liman.

Kirou, le petit kangourou curieux

Françoise Bobe

Il était une fois Kirou, un petit kangourou d'Australie tout juste sorti de la poche de sa maman. Depuis qu'il était devenu grand, Kirou furetait partout, s'intéressait à tout, s'étonnait de tout.

C'est dame Kangourou, sa voisine, qui l'intriguait plus que tout !
Il trouvait qu'elle avait une drôle de façon d'avancer à petits pas pressés, regardant toujours où elle posait les pieds. Jamais il ne la vit sauter : chose étonnante chez les kangourous !

Mais ce qui l'étonnait bien davantage, c'était son ventre : un ventre aussi rond qu'un ballon ! Kirou se demandait bien quelle tête avait le bébé kangourou qui pouvait s'y cacher. Mais jamais il ne vit le moindre petit bout d'oreille ou de museau dépasser de cette poche-là !

Lorsque leurs chemins se croisaient, Kirou courait vers elle et la saluait poliment :

– Bonjour, dame Kangourou... Je m'appelle Kirou. J'habite près de chez vous...

Elle s'empressait de répondre tout en poursuivant son chemin :

– Bonjour, mon petit ! Bonjour, Kirou !

Et Kirou se posait toujours les mêmes questions : pourquoi sa poche est-elle aussi ronde ? Pourquoi ne saute-t-elle pas ? Pourquoi est-elle toujours aussi pressée ? Pourquoi...

Soudain, une lumière jaillit dans son esprit :

« Dans un ventre aussi rond, elle cache autre chose qu'un bébé kangourou. Elle ne saute pas, car ce quelque chose est précieux et elle craint de le perdre... Qu'est-ce que cela peut bien être ? Demain, je le lui demanderai. »

Mais lorsqu'il lui posa la question, dame Kangourou lui répondit en redressant l'oreille :

– Écoute, Kirou ! Je crois que ta maman t'appelle !

Kirou rentra chez lui et ne sut rien de plus.

Alors, Kirou eut une autre idée. Il s'approcha de la maison de dame Kangourou et il regarda par le trou de la serrure ! Il cligna des yeux plusieurs fois pour être sûr de bien voir, tant sa surprise était grande : dame Kangourou avait vidé sa poche pour se reposer, et à côté d'elle s'élevait une véritable montagne de pièces d'or !
« C'était donc cela qui l'empêchait de sauter et même de prendre le temps de bavarder ! Pauvre dame Kangourou », se dit-il. Il s'éloigna sur la pointe des pieds en pensant que ce n'était pas une vie de kangourou que de veiller sur un tel trésor...

Un jour qu'il sautait de-ci, de-là, il vit quelque chose briller au soleil : c'était une pièce toute dorée.
À deux bonds de là, il en vit une autre puis une autre encore…
Il leva le nez et aperçut dame Kangourou, loin devant.
« Mais… elle sème son trésor ! se dit-il, je dois la rattraper ! »

Lorsqu'il arriva à sa hauteur, les deux mains remplies de pièces, il l'interpella :
– Regardez, dame Kangourou ! Je crois que votre poche est percée !
Dame Kangourou le regarda avec étonnement. Puis, pour la première fois, elle ne sembla pas pressée de partir.
Elle offrit un large sourire à Kirou et lui remit quelques pièces pour le remercier. Est-ce pour cette raison que les petits kangourous sages reçoivent régulièrement de l'argent de poche ?

Depuis ce jour, dame Kangourou n'était plus tout à fait la même. Elle n'avait plus un ventre aussi rond qu'un ballon et elle faisait des bonds joyeux, comme tous les kangourous. Kirou n'osa jamais lui demander où elle avait caché toutes ses pièces d'or...

Quelque temps plus tard, il croisa dame Kangourou, qui semblait ravie de le rencontrer.
–J'ai un secret à te confier ! lui dit-elle.
Puis elle lui chuchota quelque chose à l'oreille. Les yeux de Kirou s'illuminèrent, car maintenant, au fond de sa poche, dame Kangourou cachait un autre trésor : un adorable kangourou !

Les trois amis

Crépin Nkot

Il était six heures. Tout brillait à l'est de la montagne. C'était le lever du soleil. L'hiver était terminé et le moment était arrivé pour les oiseaux migrateurs d'effectuer de grands voyages, partant des pays chauds vers les pays tempérés. Ici, ils venaient célébrer les fêtes du printemps avec les petits enfants dans les villages. Les oiseaux les plus forts et les plus rapides installaient déjà leurs nids sur les arbres disponibles afin de se protéger des prédateurs. Au cours de ce voyage, long de plusieurs semaines, un petit oiseau bleu fut blessé.

– Aïe ! aïe ! aïe ! cria le petit oiseau bleu.

Mais les autres oiseaux ne s'aperçurent de rien et continuèrent leur voyage, sauf un seul, et de loin le plus fidèle au petit oiseau bleu. Le petit oiseau bleu perdait de l'altitude et descendait progressivement jusqu'au sol. Son ami atterrit près de lui et lui demanda :

– Que s'est-il passé ?

Le petit oiseau bleu gémissait de douleur :

– J'ai été bousculé, puis je suis tombé lourdement au sol et me suis fait mal à l'aile.

–Je suis triste pour toi, répondit l'ami du petit oiseau bleu. Notre voyage est encore long et la nuit risque de nous surprendre avant notre arrivée dans le village le plus proche.
–J'ai peur de ne plus être capable de voler, dit le petit oiseau bleu en pleurant.
Son ami le consola et lui fit un câlin sur son aile blessée.
–Ne pleure pas, sois courageux ! lui dit-il.
Le petit oiseau bleu reprit péniblement son vol, mais il ne pouvait plus parcourir de grandes distances.
–Arrêtons-nous ! Arrêtons-nous ! hurla-t-il à son ami. J'ai de nouveau très mal.
Son ami lui obéit et ensemble ils se reposèrent au sol. Ils accomplirent ainsi le reste de leur voyage par petits vols, entrecoupés d'arrêts.
Ils arrivèrent finalement au village, longtemps après les autres oiseaux. En plus, le petit oiseau bleu était épuisé et n'avait plus la force de se construire un nid. Son ami se proposa de l'aider. Mais, déjà, n'apparaissait plus qu'une moitié du soleil à l'ouest de la montagne et, petit à petit, la nuit commençait à couvrir tout le village. L'ami du petit oiseau bleu craignit de ne pas achever sa besogne avant la nuit.

Le petit oiseau bleu lui dit :
– La nuit tombe déjà, j'ai très peur de Monsieur le Chat. Il essayera de nous attraper s'il nous voit au sol.
– Oui ! Nous devons absolument trouver une cachette, répondit l'ami du petit oiseau bleu.
– Et si nous partions plus loin, dans l'autre village, le chat n'y viendrait pas, dit-il alors.

Le petit oiseau bleu trouva l'idée très bonne, mais il ne pouvait plus voler, son aile blessée s'inclinait et touchait presque le sol. Voyant cela, son ami lui dit :
– Reste ici, je vais à la recherche d'une cachette dans les environs.
Mais le petit oiseau bleu ne voulait pas rester tout seul et il partit avec son ami à la recherche d'un abri.
– Regarde là-bas, un bouleau. Encore un petit effort !
Ils arrivèrent devant le bouleau et l'ami du petit oiseau bleu dit ceci :
– Joli bouleau, voudrais-tu abriter mon ami avec une aile cassée ? Nous venons de très loin et il est très fatigué.

Le bouleau lui répondit en disant :
– Je suis très sensible au malheur de ton ami avec une aile cassée, mais je suis encore jeune pour le loger chez moi. Mes branches sont très fragiles et mes feuilles toutes petites ; ton ami ne sera pas en sécurité chez moi ; n'importe quel chat qui passerait devant moi le verrait tout de suite et essayerait de l'attraper.
Un peu déçus par cette réponse, les deux oiseaux décidèrent d'approcher un autre arbre.

– Voilà Monsieur le Chêne, je suis sûr qu'il nous aidera, dit le petit oiseau bleu.

– Oui, tu seras plus en sécurité chez lui, son tronc est plus gros que celui du jeune bouleau et ses branches plus solides encore ! répondit avec enthousiasme l'ami du petit oiseau bleu.

Ils arrivèrent à hauteur de l'arbre et lui dirent :

– Que nous sommes heureux de vous apercevoir, Monsieur le Chêne ! Vous avez certainement une solution à notre problème.

Le chêne leur sourit et dit :

– Je suis toujours à l'écoute des problèmes de tous les oiseaux ; voyons donc quel est le vôtre.

L'ami du petit oiseau bleu lui répondit :

– Mon ami a une aile cassée qu'il traîne au sol depuis plusieurs mètres et il est épuisé ; pourrais-tu le cacher chez toi juste cette nuit ?

Le chêne lui répondit :

– La douleur de ton ami m'affecte beaucoup, mais j'ai peur de ne pas pouvoir le cacher chez moi ; vous arrivez un peu tard, j'héberge déjà de nombreuses familles d'oiseaux arrivées ce matin et les seules places encore disponibles se situent au faîte de mes branches. Ton ami ne pourra malheureusement pas y arriver.

À nouveau déçus, les deux amis reprirent leur recherche d'un abri. Le petit oiseau bleu était à bout de forces et n'avançait plus qu'en bondissant, un mouvement qui lui était pénible. Il se mit de nouveau à pleurer. Son ami lui dit :

– Ne pleure pas : il ne faut pas perdre espoir et je n'aime pas te voir comme ça.

Le petit oiseau bleu avec une aile cassée continua de clopiner douloureusement.

– Regarde ! lui dit soudain son ami. Que penses-tu de ce sapin-là ? Peut-être voudra-t-il te loger cette nuit ?

Ils s'approchèrent du sapin qui fut très étonné de leur visite et ouvrit grands les yeux.

– Voilà qui est une grande surprise, j'aime beaucoup les petits oiseaux mais ils ont tous peur de moi, dit le sapin.

L'ami du petit oiseau bleu s'adressa au sapin en disant :

– Petit sapin, la nuit tombe déjà, il nous faut trouver un abri pour mon ami avec une aile cassée et moi. Accepterais-tu de nous abriter cette nuit ?

– Si vous n'avez pas peur de vous piquer, vous pouvez vous abriter chez moi aussi longtemps que vous voudrez, kui répondit le petit sapin.

Réjouis par cette réponse, le petit oiseau bleu et son ami remercièrent le petit sapin, sautillèrent joyeusement et se mirent à l'abri dans le creux de son ventre. Là, ils étaient au chaud et le chat ne pourrait pas les apercevoir.

Le petit sapin, heureux de la compagnie des deux amis, leur proposa de rester plus longtemps qu'une seule nuit :

– Si vous acceptez de rester dans mes branches jusqu'à l'hiver prochain, leur dit-il, je vous ferai connaître quelques-uns de mes amis, les grands oiseaux; ils voudront sûrement bien vous aider à construire un beau et large nid.

Le petit oiseau bleu et son ami acceptèrent avec enthousiasme sa proposition. Le soleil disparut définitivement derrière la montagne et tout devint sombre. Le petit oiseau bleu et son ami s'endormirent tout doucement. Une grande amitié venait de naître entre le petit sapin, le petit oiseau bleu avec une aile cassée et son fidèle compagnon.

Arthur

Marie-José Bardinat

Arthur est un bel éléphant d'Afrique. Il a de magnifiques oreilles qu'il agite tout le temps. Arthur a une femme et trois enfants. Cette année-là, dans la savane où il vivait, il n'y avait pas eu de pluie du tout. Il n'y avait plus rien à manger : la terre était brûlée, le fleuve asséché. Il expliqua à sa femme qu'il fallait aller à la ville : là-bas, il trouverait du travail et pourrait nourrir sa famille.

Ils se mirent en route. Les enfants étaient heureux de partir pour découvrir la ville. Pour eux, c'était un endroit de rêve.

Aux alentours de la ville, ils installèrent leur camp.

Le lendemain, Arthur partit de bonne heure pour trouver du travail. Il arriva dans une rue bordée de magasins. Que pourrait-il faire ?

Un éléphant, ce n'est pas une souris : c'est grand, c'est gros, c'est lourd. Il ne pouvait pas travailler dans une boutique : il n'y aurait jamais assez d'espace.
Il arriva sur une grande place où l'on construisait un immeuble. Il s'arrêta pour regarder. Le chef de chantier le remarqua et s'approcha de lui :
– Bonjour ! Cherches-tu du travail ?
– Bonjour ! répondit Arthur. Oui, je veux travailler.
Le chef lui proposa de déplacer des barres de fer avec sa trompe.
Il le paierait chaque jour.
Arthur travailla jusqu'au soir. Il rejoignit sa femme et ses enfants à la nuit tombée. Il avait acheté des provisions et tout le monde se régala.

Il se rendit compte qu'il s'était coupé la trompe. Sa femme lui fit un pansement.
Le lendemain, il était incapable de soulever une feuille. Il avait mal.

Il partit tout de même, espérant trouver autre chose à faire. Il traversa toute la ville et se retrouva devant un garage; des hommes nettoyaient des voitures. Ils frottaient, portaient des seaux d'eau, rinçaient, essuyaient les carrosseries.
Par jeu, Arthur mit sa trompe dans un bac et pulvérisa l'eau en l'air. Les hommes s'arrêtèrent pour le regarder.
– Fantastique ! dit un petit homme qui arrivait en courant : tu es embauché.
Arthur ne comprenait pas bien. L'homme lui amena une voiture avec ordre de la laver au plus vite. Arthur comprit : il aspira de l'eau avec sa trompe et en aspergea le véhicule.
Il recommença à plusieurs reprises.

Le soir, il avait lavé dix voitures. Les clients étaient très contents. Il reçut un bon salaire et on lui offrit un emploi définitif dans le garage. Il acheta des fleurs pour sa femme, des bonbons pour ses enfants. Il rentra chez lui, très heureux. Quand il eut remis ses cadeaux, sa femme lui demanda quel était son travail.

– Devinez, dit-il, mais je vais vous aider.
Il mit sa trompe dans un baquet et envoya l'eau dans les airs.

– Jet d'eau, lui dirent en chœur ses enfants. Notre papa est « jet d'eau ».

Arthur sourit et applaudit.

– Bravo, vous avez trouvé !

Les petits éléphants adorent jouer dans l'eau. Pour ses enfants, ce n'était pas un métier mais un jeu. « Jet d'eau, quel bonheur ! »

– Papa, dit sa petite fille, veux-tu faire encore le jet d'eau, rien que pour nous ?

Arthur le fit et le refit encore. Enfin, les enfants allèrent se coucher, épuisés.

Sa femme regarda Arthur :
– Quel est ton travail, Arthur ?
– « Jet d'eau », dit celui-ci en souriant. Les adultes disent « laveur de voitures » mais les enfants ont raison : « jet d'eau », c'est beaucoup plus amusant ; désormais, je suis « jet d'eau ».
Sa femme sourit : qu'importe la réalité des choses, si, avec un peu d'imagination, on peut y mettre de la poésie.
Arthur fut ainsi le premier éléphant « jet d'eau ».
Depuis, beaucoup d'autres l'ont imité. Les éléphants sont très doués pour laver les voitures.

Le boa et le singe

Marie-José Bardinat

Un jeune boa prénommé Baba se promenait dans la jungle. Il grimpait dans les arbres et s'amusait à en descendre très vite en glissant le long du tronc comme sur un toboggan. Baba, bien sûr, ne connaissait pas les toboggans, car il n'y en a pas dans la forêt tropicale. Il avait inventé ce jeu, tout seul, pour passer le temps.

Baba était un bébé boa. Il était encore tout petit, ne mesurait à peine qu'un mètre. Il était adorable, gentil, toujours prêt à rendre service. Malheureusement, il n'avait que rarement l'occasion de se montrer serviable. Dès qu'il s'approchait d'eux, tous les petits animaux s'enfuyaient. Il entendait souvent le bruit de leur fuite dès qu'il arrivait. Baba se demandait pourquoi on le traitait ainsi : il n'avait jamais fait de mal à personne. Si Baba avait eu sa maman, il lui aurait posé la question, mais Baba vivait seul depuis longtemps, sans savoir où se trouvaient ses parents. Baba avait un rêve. Il voulait avoir un ami ; un ami avec qui jouer, avec qui parler. Mais comment fait-on pour rencontrer un ami ? Surtout quand tout le monde vous fuit.

Baba, alors qu'il rampait, entendit un jour un grand bruit. Avant d'avoir compris ce qui se passait, il reçut un grand coup sur la queue.

– Aïe ! dit-il, et il se retourna.

Il remarqua alors un petit singe, inconscient dans l'herbe.

Il s'approcha doucement. Il fit attention, car il ne voulait pas faire peur à ce petit compagnon tombé du ciel. Tout doucement, il toucha le bras de l'animal. Celui-ci ne réagit pas. Baba voyait bien que le singe respirait. Il décida d'attendre son réveil et de le veiller jusque-là. Il paraissait si fragile. Il fallait le protéger des fauves qui pourraient le dévorer.

Quelques minutes passèrent. Le singe commença à remuer. Baba ne bougea pas. Le petit singe ouvrit les yeux. En voyant Baba, il poussa un cri.

– Ne crains rien, lui dit Baba, je suis un ami. N'aie pas peur. Tu es tombé d'un arbre sur ma queue et je suis resté en attendant que tu te réveilles. Je m'appelle Baba.

Le petit singe ne répondit rien, mais le regarda avec de grands yeux ronds.

– Bonjour, dit-il prudemment, et merci.

Il hésita et continua :

– Je m'appelle Agrippin.

– Bonjour, Pinpin ! dit Baba. Je suis heureux de faire ta connaissance. Veux-tu jouer avec moi ?

Une lueur craintive passa dans les yeux de Pinpin.

– C'est que... commença-t-il.

Baba attendait la suite. Pinpin le regarda longuement.

– C'est que... tu es un boa.

–Et tu n'aimes pas les boas? dit Baba.

–C'est-à-dire, commença à nouveau Pinpin, c'est-à-dire que les boas mangent les singes. Et moi, je suis un singe. Vas-tu me manger?

Baba était horrifié.

–Bien sûr que non, dit-il, et je n'ai jamais mangé de singe, je peux te le jurer.

Pinpin fut étonné, mais il crut Baba immédiatement.

–Bon! Eh bien, dans ce cas, je veux bien être ton ami. Mais promets-moi de ne jamais essayer de me dévorer.

Baba promit.

–Je mange des feuilles, des fruits. Jamais le moindre animal, dit-il.

Baba et Pinpin se mirent en route. Quand Pinpin eut faim, ils firent la course pour arriver en haut d'un arbre à fruits. Pinpin gagna et ils mangèrent en riant. Puis Pinpin lança un fruit en direction de Baba en criant:

–Attention, bataille de fruits pourris.

Aussitôt, Baba répliqua en envoyant un autre fruit. Le combat dura longtemps. Ils s'arrêtèrent, épuisés.

–Je suis fatigué, dit Pinpin.

–Moi aussi, dit Baba.

–Dormons, dit Baba. Mets-toi près de moi. Ainsi, personne ne pourra te faire de mal. Baba forma un bel anneau. Pinpin s'installa au milieu de ce nid improvisé et s'endormit instantanément.

Baba le regarda avec affection :

–Que c'est doux d'avoir un ami, dit-il, et il ferma les yeux à son tour.

Les mois passèrent. Baba et Pinpin ne se quittaient pas. Ils passaient leurs journées ensemble à rire, à jouer. Pinpin devint un superbe singe et Baba un boa à la taille impressionnante. Baba était parfaitement heureux. Les deux amis ne se rendaient même pas compte qu'ils étaient la curiosité de toute la jungle. Tous les animaux venaient les observer de loin. Un boa et un singe qui vivaient ensemble. Cela paraissait impossible et pourtant c'était vrai. Personne ne comprenait. Baba et Pinpin, eux, ne se posaient aucune question. Ils étaient contents, cela leur suffisait. Un jour, Baba dit à Pinpin :

– Maintenant, je comprends pourquoi tout le monde me fuit. Je fais peur aux autres animaux, à cause de ma taille et de ma force. Mais ils ont tort. Je ne ferai jamais de mal à personne.

– Je sais, dit Pinpin, mais il faut comprendre. En général, les boas se nourrissent en avalant tout cru des animaux vivants. Ils ne savent pas que tu es végétarien.

Un jour, Pinpin rencontra, lors d'une promenade, une superbe jeune fille singe, Java. Il en tomba immédiatement amoureux. Java eut d'abord peur de Baba, mais elle comprit vite que ce n'était pas un boa comme les autres. Elle l'accepta et se mit à venir souvent voir les deux amis. Un jour, Pinpin dit à Baba :

– Baba, j'ai une grande nouvelle à t'annoncer : Java et moi, nous allons nous marier.

– Félicitations, dit Baba, je suis très heureux pour vous. Mais alors, vous allez me quitter ?

– Bien sûr que non, dit Pinpin. Nous allons bien sûr nous installer une maison dans les arbres, mais tu pourras nous rendre visite à chaque fois que tu en auras envie. Et nous continuerons à nous voir.

Baba fut rassuré. Il aida à construire la maison de Pinpin et Java. Grâce à Pinpin, Baba se fit de nombreux nouveaux amis. Pinpin leur avait expliqué que Baba ne mangeait jamais de viande.
Pinpin et Java eurent bientôt deux bébés. Baba les admira avec tant d'affection que Java le nomma «parrain» de ses bébés. Et quand Pinpin et Java voulaient sortir le soir, devinez qui venait garder les enfants à la maison ? Baba, bien sûr, qui devint la meilleure baby-sitter de toute la jungle.
Baba savait si bien endormir les enfants, était si patient avec eux, que bientôt beaucoup d'animaux lui confièrent la garde de leurs enfants lorsqu'ils devaient s'absenter. Baba, qui aimait si tendrement tous les bébés qu'on lui confiait, dut lui-même les mettre en garde contre certains boas. Il avait du mal à convaincre ses petits amis que les boas pouvaient parfois être dangereux pour eux. « Mais si, insistait-il, il faut faire attention. Certains boas aiment manger les petits animaux. » Et il se promettait de toujours veiller à la sécurité de ses petits protégés.

Table des matières